JN447372

질적 종단연구방법론

Bren Neale 저 | 임종헌 · 김경애 · 김지혜 · 도재우 · 최수진 공역

QUALITATIVE LONGITUDINAL RESEARCH

Research Methods

학지사

Qualitative Longitudinal Research: Research Methods
by Bren Neale

© Bren Neale, 2019, 2021

All rights reserved.

Korean translation copyright © 2025 by Hakjisa Publisher, Inc.
This translation of Qualitative Longitudinal Research: Research Methods, First Edition is published by arrangement with Bloomsbury Publishing Plc.

본 저작물의 한국어판 저작권은
Bloomsbury Publishing Plc과의 독점계약으로 (주)학지사가 소유합니다.
저작권법에 의해 한국 내에서 보호를 받는 저작물이므로
무단 전재와 무단 복제를 금합니다.

◆ 역자 서문

교육을 비롯한 여러 사회과학 분야에서 '종단연구(longitudinal research)'에 대한 관심이 빠른 속도로 확대되고 있습니다. 끊임없이 변화가 일어나고 변화의 영향 요인이 복잡한 현대 사회에서 사회 현상의 본질을 정확하게 읽어 내기 위해서는 일시적인 횡단연구보다 장기적인 종단연구가 효과적이기 때문입니다.

일반적으로 종단연구라고 하면 양적 자료를 종단적으로 수집하고 분석하는 양적 종단연구를 연상합니다. 교육 분야에서는 한국교육개발원의 역사 깊은 한국교육종단연구(KELS)가 대표적이며, 다수의 시 · 도 교육청, 대학교 등에서 양적 종단연구를 수행하고 있습니다. 그 밖에 사회과학 분야의 연구기관들에서도 종단적인 연구를 발표하고 있습니다. 하지만 종단연구에는 양적 종단연구뿐만 아니라 질적 자료를 종단적으로 수집 및 분석하는 질적 종단연구 분야가 있습니다.

국제적으로는 양적 종단연구 못지않게 '질적 종단연구(qualitative longitudinal research)'에 대한 관심이 높으며, 역사와 전통 역시 깊습니다. 우리나라에서도 한국교육개발원에서 '북한배경청소년 교육 종단연구' '중학생 성장과정 분석 연구' '한국영재교육종단연구' '학교 성장과 변화에 대한 10년 연구' 등을 수행한 바 있고, 질적 종단연구의 방법론적 특징을 정리한 '질적 종단연구의 방법론적 특징 및 적용 전략' 연구를 발표하기도 했습니다. 그 밖에도 한국교육과정

평가원, 한국청소년정책연구원, 한국보건사회연구원, 한국고용정보원 등에서도 질적 종단연구를 수행했고, 삼성꿈장학재단 등 민간 차원에서도 질적 종단연구방법을 적극 활용하고 있습니다. 이처럼 국내외에서 질적 종단연구가 활성화되고 있음에도 불구하고, 사회과학 연구자들, 질적 연구자들, 학문 후속세대들이 질적 종단연구의 방법론을 접하고 이해할 수 있는 방법은 마땅치 않은 것 같습니다.

이러한 상황에서 질적 종단연구의 중요한 지침서 중 하나를 우리나라에 소개할 수 있게 되어 매우 기쁩니다. 저자인 Neale 교수는 질적 종단연구가 활발하게 수행되어 온 영국 내에서도 오랜 기간 이 분야를 개척해 온 전문가로서, 이 책을 통해 그간 축적된 지식과 경험을 들려주고 있습니다. 이 책은 생애과정의 복잡성과 시간적 맥락의 다차원성을 탐구하는 연구자들에게 깊이 있는 통찰을 제공하며, 연구 과정에 대한 다양한 실천적 조언을 담고 있습니다.

책을 번역하는 과정에서 원저가 담고 있는 질적 종단연구방법론에 대한 기술(skill)뿐만 아니라 성찰적 질문들을 충실히 전달하고자 노력했습니다. 또한 독자들의 입장에서 가독성을 높이고자 번역 용어 하나하나를 정하는 과정에서 역자들 간 토론을 거듭했습니다. 이 책이 우리나라의 연구자들과 학문 후속세대들이 질적 종단연구방법이라는 새로운 연구 접근법을 탐구하는 데 유용한 길잡이가 되기를 희망합니다.

이 책이 출판되기까지 역자들은 흥미로운 시간 여행을 했습니다. 역자들은 모두 한국교육개발원에서 함께 질적 연구, 질적 종단연구를 수행한 경험이 있고 사람을 깊이 이해할 수 있는 질적 연구방법에 애정을 가지고 있습니다. 역자들에게 이 책을 번역하는 과정은 일이라기보다는 함께 새로운 것을 탐험하는 놀이의 시간이었습니다. 그리고 학지사는 질적 종단연구라는 우리나라에는 생소한 연구 방법론에 관심을 두고 출판 과정에서 전폭적인 지원을 아끼지 않았습니다. 학지사는 긴 세월 동안 주제와 내용상 학술적 의미가 있다고 판단하면, 그 학술 도서 제작을 지원하면서 우리나라 교육학 학문 발전 과정에 동행해 왔습니다. 이번에도 이 책이 한국어로 나올 수 있게 지원해 주신 학지사의 대표님과 임직원분들께 감사드립니다.

2025년 5월

임종헌, 김경애, 김지혜, 도재우, 최수진

◆ 저자 서문

오랫동안 질적 종단연구를 개척한 여러 연구자가 축적해 온 지혜를 모아서 이 책을 집필했습니다. 그동안 많은 연구자를 만나서 함께 연구할 수 있었던 것은 저에게 큰 기쁨이었습니다. 인문·사회과학 개인 연구자 지원 사업(Mid-Career Fellowships), 영국의 국내 및 국제 세미나, 질적 종단연구 프로그램(The Timescapes Study) 등 영국 경제·사회연구협의회(Economic and Social Research Council)의 지원 덕분에 이 책을 집필할 수 있었습니다.

저는 Timescapes 프로젝트[1)]의 동료 연구자분들, 그 밖에 특별한 인연을 맺고 함께 연구해 온 연구자, 기록물 관리 전문가(archivists), 2차 자료 분석가, 시간 이론 전문가분들(time theorists)에게 빚을 지고 있다고 생각합니다.

저는 이 책의 아이디어를 발전시키고 집중할 수 있는 좋은 업무 환경에서 집필 작업을 할 수 있었습니다. 이 책을 집필할 수 있도록 저를 초청해 주신 Bloomsbury 출판사의 'What is? 연구방법론 시리즈('What is?' Research Methods Series)' 편집자인 Crow와 이번 연구방법론 시리즈 프로젝트를 담당해 준 Brauzzi 및 Bloomsbury Academic Team에 감사드립니다. 마지막으로 가족과 모든 글을 읽고 모든 단계에 함께해 준 Alan에게 감사의 마음을 전합니다.

Bren Neale

---

1) 역자 주: 영국 정부의 자금 지원을 받아 수행된 대규모의 질적 종단연구임.

◆ 차례

제1장

질적 종단연구 소개

들어가며

> 사회의 변화 압력이 삶의 불안정성을 높이고 있다. 연구자들은 '삶의 역동성'을 반영하는 새로운 연구방법을 개발하고 있다. 삶의 역동성을 탐구하기 위한 '역동적으로 생각하기(thinking dynamically)'라는 접근 방식은 다양한 사회과학적 통찰력의 혼합, 양적 연구방법과 질적 연구방법의 통합, 거시적 관점과 미시적 관점의 결합, 국제 비교 결과의 활용 등과 같은 연구 혁명을 촉발했다(Leisering & Walker 1998: xiv).

질적 종단연구(qualitative longitudinal research)는 삶의 역동성을 탐구하기 위해 진화하고 있는 방법론이다. 질적 종단연구는 다양한 연구방법의 역사를 거쳐 점진적으로 발전해 왔고, **종단적 문화기술지**(longitudinal ethnography), **질적 패널 연구**(qualitative panel study)와 같은 용어로 불리기도 한다. 질적 종단연구는 사회과학 연구에서 수십 년 동안 전개된 연구자들의 연구에 대한 접근 방식의 변화를 반영한 연구방법으로써 '질적 연구'와 '종단연구'라는 두 가지 연구방법론의 전통을 이어 오고 있고, 두 가지 연구방법론적 정체성을 동시에 갖는다.

질적 종단연구는 종단적 관점에서 우리 사회의 작지만 중요한 요소인, 개인이나 가정, 학교와 같은 다양한 연구 단위의 **'실제(real)' 삶을 장기적으로 추적**한다. 또한 질적 종단연구는 시간을 고려하는 여러 가지 질적 연구의 유형 중 하나로서, 심층적인 질적 렌즈를 통해 역동적인 삶의 과정을 탐구한다. 이와 같은 연구를 통해 사람들이 삶과 생활, 우리가 살아가고 있는 세상을 어떻게 이해하고, 설명하고, 만들어 가는지 알 수 있게 된다. 따라서 질적 종단연구는 시간의 흐름에 따라 수행하는 연구일 뿐만 아니라, 경험의 시간적 요소들을 활용하여 창의적이고 유연하며 혁신적인 방식으로 생각할 가능성을 열어 주는 연구방법이라고 할 수 있다. 이러한 연구방법론적 특징은 질적 종단연구가 세상을 이해하기 위해 논의되고 있는 최신 사회과학 연구 패러다임에 부합하는 연구방법 이론임을 의미한다.

시간을 통해 생각하기

사회과학 연구 분야에서 '시간'은 오래전부터 중요한 요소로 여겨져 왔으며, 현대 사회의 급속한 변화 속에서 시간은 더욱 특별하고 새로운 의미를 갖게 되었다. 시간이라는 것은 경험의 본질적이고 역동적인 특성, 그리고 개인의 삶과 역사 간의 이해하기 위한 핵심이다(Mills, 1959). 우리는 '시간'을 통해서만 사회가 변화하는지, 변화하지 않고 지속되는지 파악할 수 있다. 또한 이러한 사회 변화가 어떠한 구조로 나타나는지, 사회의 구조적인 변화 압력이 개인과 공동체의 삶에 어떻게 영향을 미치는지, 결과적으로 개인과 공동체에 의해 사회가 어떻게 변화하는지를 구체적으로 이해할 수 있다. 실제로, 우리는 시간을 통해서만 개인과 사회 조직, 경험의 미시적 차원과 거시적 차원이 어떻게 서로 연결되고 변화하는지 깊이 있게 이해할 수 있다(Neale & Flowerdew, 2003). 모든 유형의 시간 연구(temporal research)에서 **시간**이란 연구의 기획, 실행을 주도하는 요소이고, 연구를 수행하는 과정에서의 도구이다. 그뿐만 아니라 시간은 이론적 구조 틀이며, 데이터의 생성과 분석에 실질적으로 영향을 미치는 연구의 주제이기도 하다.

질적 종단연구의 독특한 특징 중 하나는 다양하고 유연한 시간의 활용 능력이다. 이러한 질적 종단연구의 특징은 많은 질문이 떠오르게 만든다. 질적 종단연구자는 구체적으로 시간을 어떻게 활용하는 것일까? 연구 도구로서 시간은 연구 기획 및 실행, 연구 윤리, 분석에 어떤 영향을 주는가? 이와 같은 질문들의 기저에는 "시간이 어떻게 개념화되고 이해되는가?"라는 근본적인 질문이 존재한다. 보다 넓은 관점에서 보면, 기존의 정립된 연구방법들 사이에서 시간을 종적으로, 질적으로 활용하는 질적 종단연구는 어떤 존재이고 어떤 의미를 지닐까? 이 책은 시간에 대한 이론, 질적 종단연구의 기획 및 실행과 같은 질문에 관하여 탐구하고 대답하고자 한다.

진화하는 방법론

질적 종단연구(qualitative longitudinal enquiry)는 지난 100여 년 동안 발전해 온 질적 시간 연구(qualitative temporal research)의 오랜 전통에 뿌리를 두고 있다. 연구자들이 질적 종단연구에 관한 글을 기술하여 책과 논문을 발표하고, 이론적으로 탐구해 오면서 질적 종단연구 자체에 대한 방법론적 성찰이 늘어나는 중이다.[1] 이러한 논의의 흐름은 최근 20년 동안 질적 종단연구에 대한 관심과 이해를 촉진해 왔다. 질적 종단연구의 범위는 복지 개혁의 경험, 교통의 변화, 시간에 따른 법적 규제 변화, 새로운 보건, 사회, 복지 정책의 전달체계와 영향 등 여러 분야를 아우르고 있다. 예술, 인문학, 사회과학, 자연과학 등 다양한 학문 분야의 연구자들은 일상적으로 연구의 설계 과정에서 질적 종단연구방법(qualitative longitudinal methods)을 연구 설계에 포함하려고 시도하고 있다. 이와 같은 현상은 세계적으로 일어나고 있고, 여러 나라에 영향을 미치고 있다. 유럽, 호주, 캐나다, 미국 전역에서 질적 종단연구가 번성하고 있고, 사하라 사막 남쪽의 아프리카에서도 질적 종단연구가 나타나기 시작했다. 질적 종단연구의 자금은 주로 영국 정부, 국제적인 연구자금 지원위원회, 그 밖에 조지프 로운트리 재단(Joseph Rowntree Foundation) 등과 같은 독립된 연구기관, 세계보건기구(World Health

---

1) 관련한 문헌들로는 Foster, Scudder, Colson, & Kemper(1979), Howell & Talle(2012), Huber & Van de Ven(1995), Kemper & Peterson Royce(2002), Neale, Henwood, & Holland(2012), Thomson & McLeod(2015), Thomson, Plumridge, & Holland(2003), Millar(2007) 등이 있음. 특히 Saldana(2003)의 방법론이 주목할 만함.

Organization) 등 국제기구에서 제공했다. 이러한 질적 종단연구들이 발표되는 과정에서, 〈세븐 업(7 Up)〉[2)]과 〈우리 시대의 아동(Child of Our Time)〉[3)]과 같이 사람의 일생을 추적하는 영국 TV다큐멘터리가 방영되면서 질적·종단적 접근 방식이 대중들에게 널리 알려졌고, 질적·종단적 접근 방식의 매력을 세계 시청자에게 증명했다.

질적 종단연구의 확대 흐름 속에서 질적 종단연구의 수행을 위한 가이드, 방법론적 기법(methodological techniques)의 표준화에 대한 요구가 나타났다(Calman, Brunton, & Molassiotis, 2013). 물론 질적 종단연구의 탐색적이고, 유연하며, 창의적인 방법론적 특성을 고려하면 협소하고 규범적인 접근은 효과적이지 않을 수 있다(Thomson & McLeod, 2015). 그럼에도 불구하고 질적 종단연구의 산출물(qualitative longitudinal study)을 작성하려면 시간 이론, 연구방법, 연구 윤리 등에 관한 이론적 기초가 필요하다. 이 책은 질적 종단연구에 관한 이론적 기초부터 연구 실행까지 전반적으로 필요한 내용들을 제공하고자 한다.

독자는 각 장을 읽으면서 연구방법의 세부 영역에 대하여 '짧은 연구 여행(short research journey)'을 할 수 있다. 제1장에서는 질적 종단연구의 역사적인 발전 과정 추적하고, 시간 연구(temporal studies)

2) 역자 주: '업 시리즈(Up series)'는 영국의 60여 년의 장기 다큐멘터리로, 그중 〈세븐 업(7 Up)〉은 1964년 첫 번째 다큐멘터리 작품의 제목임. 1964년 당시 7세 아이 14명(남자 10명, 여자 4명)을 삶의 여정을 쫓은 다큐멘터리로서 2019년 〈63 Up〉까지 방영되었으며, 연구 참여자들을 약 7년 단위로 추적하여 제작함.

3) 역자 주: 〈우리 시대의 아동(Child of Our Time series)〉은 영국의 20여 년 장기 다큐멘터리임. 2000년에 태어난 25명의 아이가 2020년 20세가 될 때까지의 성장 이야기를 제작한 것으로, 1~3년 단위로 연구 참여자를 추적하여 다큐멘터리를 제작함.

의 넓은 영역 중에서 질적 종단연구의 위치를 탐색한다. 제2장은 독자들을 짧은 시간 여행으로 안내한다. 시간에 관한 이론적인 이해를 경험 연구(empirical studies)에 어떻게 적용할 수 있는지 살펴보고, 다양한 시간의 기록들을 통하여 어떻게 삶의 과정을 이해할 수 있는지 탐구한다. 제3장에서는 질적 종단연구의 틀을 설계하고 연구 참여자를 표집하기 위한 전략을 수립하는 데 시간 이론을 어떻게 활용할 수 있는지 논의한다. 다음으로 제4장은 연구자와 연구 참여자가 함께 하는 여행의 과정에서 고려할 점들, 구체적으로 연구 참여자를 표집하고 계속 참여를 유지하는 방법, 연구 과정에서 고려해야 하는 윤리적 영역 등을 다룬다. 제5장은 시간 데이터(temporal data)를 생성하고 분석하는 데 사용되는 다양한 도구와 기술을 살펴본다. 이 장에서 독자들은 현상을 풍성하게 표현할 수 있는 핵심적인 경험 자료, 설명 자료를 이해할 수 있게 될 것이다. 마지막 장은 이 책의 핵심을 요약하고 질적 종단연구의 장점과 향후 풀어 나가야 할 과제를 종합한다. 아울러, 미래의 사회과학 연구를 위한 여러 영역[혼합적 종단 접근 방식(mixed longitudinal approaches), 디지털 연구방법론(digital methodologies), 예술 기반 연구방법론(arts-based methodologies), 연구 데이터의 재사용(reuse of existing data)]을 논의한다.

연구방법론 지도 그리기

이 책은 폭넓은 시간 연구의 논의 안에서 질적 종단연구의 위치를 고려하면서 100년간의 학문적 발전 과정을 추적한다. 종단적·생애과정적 연구로 시작하여, 질적 시간 연구(qualitative temporal research)의 분야를 구성하는 다양한 연구의 범위를 계속적으로 탐색한다. 이러한 과정에서 다양한 연구 접근 방식 간의 공통점과 차이점을 발견하고 질적 종단연구의 독특한 방법론적 특징들을 조명한다. 대부분의 경우 조사 방법상의 차이들은 분명한 방법론적 구분보다는 학문적 전통에 기인한 것이고, 연구방법론이 발전하면서 여러 연구방법을 혼합할 수 있는 기회가 늘어나고 있다. 연구방법론의 지도를 그리기 전에, 시간적 참여(temporal engagement)의 두 가지 차원을 소개하고자 한다. 이어지는 논의는 시간의 차원들이 연구 설계에 어떻게 영향을 주는지를 설명하고 있다.

시간과 관계 맺기: 핵심적인 차원들

모든 시간 연구는 세상의 변화와 연속성을 동영상(moving picture)으로 그려 낸다. 생활 속 각각의 스냅사진(snap-shot)은 영화로 만들어진다(Berthoud, 2000; Giele & Elder, 1998; Leisering & Walker, 1998: 265). 스냅사진이 순간순간의 시간들을 보여 준다면, 영화는 통시적으로(diachronically) 만들어지므로 시간 속에서 펼쳐지는 이야기를 보여 준다.

한편, 시간을 표현한 영화는 다양한 방법으로 제작될 수 있다. 그 영화가 어떻게 만들어지고, 사회적 과정에 대하여 우리에게 무엇을 말하는지는 연구방법론적 전통에 따라 다양하게 나타난다. 연구방법론적 접근의 유사점과 차이점은 두 개의 시간 축(planes) 또는 시간의 흐름과 어떻게 관계를 맺는지에 달려 있다.

▸ 전망—회고(앞 내다보기-뒤 돌아보기)

이 시간 축은 우리가 과거, 현재, 미래를 어떻게 바라보는지에 관한 것이다. 우리는 **전망-회고(앞 내다보기-뒤 돌아보기)** 방법 또는 두 가지 방법을 모두 사용할 수 있다. 가장 순수한 형태의 종단연구는 전망적이다. 전망적 방법은 같은 사람들을 '동시적(real time)'으로 따라가면서, 일어나는 변화와 연속성을 포착하고 미래의 모습을 예측한다. 반면, 회고적 접근은 현재 관점에서 과거의 역동적인 과정을 탐구한다. 질적 종단연구에서 시간에 대한 시선은 앞으로 혹은 뒤로 향하며, 둘 사이를 왕복할 수 있다.

▸ 집중—확장(시간 프레임-템포)

이 시간 축은 과정의 지속 기간과 사건의 템포, 즉 시간적 간격과 규칙성에 관한 것이다. 질적 종단연구의 시간 프레임은 연구가 수행되는 전체 시간의 범위를 의미하고, 템포는 현장 방문의 횟수, 기간, 빈도를 가리킨다. 종합하면, 시간 프레임과 템포는 질적 종단연구의 종단적 시간 프레임을 구성한다. 우리는 여러 가지 접근 방식의 스펙트럼을 식별할 수 있다. 잦고 지속적인 현장 방문을 통해 사례들을 **집중적으로 추적**할 수도 있고, 수년 또는 십년에 걸쳐 정기적이고 간헐적인 재방문을 통해 **확장적으로 추적**할 수도 있다(Burawoy, 2003). 질적 종단연구에서는 연구의 진행 과정에서 이 두 가지 템포를 결합할 수도 있다.

앞선 두 가지 시간 흐름은 제2장에서 설명하는 시간 매핑(mapping time)을 위한 틀의 핵심 요소를 형성한다. 제3장에서 보여 주듯이, 시간 프레임과 템포를 유연하고 창의적인 방식으로 활용하여 질적 종단연구를 설계할 수 있다. 질적 종단연구를 수행하는 연구자는 앞뒤의 시간을 모두 바라볼 것이며, 집중적이고 확장적인 시간 템포를 연구 설계에 결합할 것이다. 이어지는 논의는 연구자들이 연구 설계 과정에서 이러한 시간 차원을 사용하는 방법을 설명한다. 세 번째 시간 축이라고 할 수 있는 미시-거시 축은 제2장에서 자세히 소개한다. 이 책은 종단 및 생애과정 연구에 대한 논의로부터 시작해서, 더 넓은 질적 시간 연구의 분야를 고찰한다.

종단 및 생애과정 연구

양적이든 질적이든 종단연구는 본질적으로 전망적(prospective)이다. 종단연구는 '실시간'으로 전개되는 '영화'를 제작하고, 일어나는 여러 사건의 역동적인 과정을 표나 그래프로 만들어 낸다. 연구의 초점이 개인, 가족, 기관 또는 사회에 걸쳐 있을 수 있지만, 이러한 연구의 출발점은 미시적이고 역동적인 것에서 출발한다. 동일한 개인, 가구 등의 여러 집단(연구 참여자, 종단 패널)은 동일한 기간 동안 추적된다. 패널 연구(panel study)는 전망적 종단연구(prospective longitudinal study)와 동의어이며 약칭이다. 뛰어난 연구인 「만들어지는 변화(Change in the Making)」(Mills, 1959)는 이와 같은 전망적 설계를 종단연구의 가장 순수한 유형으로 간주하고 있다(Ruspini, 2002: 4).[4] 이 연구 설계는 세대 간, 역사를 통하는 생애과정에서 역동적인 과정, 변화, 연속성에 특별한 통찰력을 제공한다(Elliott, 2005; Neale, Henwood, & Holland, 2012). 종단연구는 보통 미래에 대한 전망과 과거 시간에 대한 회고적 데이터 수집을 결합한다(Scott & Alwin, 1998).

생애과정은 종단 패널 연구의 수행을 위한 중심적인 구성 프레임(organizing framework)을 제공한다. 이에 대해서는 제2장에서 자세히 살펴보겠지만, 여기서 몇 가지 핵심적인 내용을 살펴보고자 한다. 먼저, 이름에서 암시하는 것처럼 시간의 흐름에 따라 삶의 과정이 어떻게 전개되는지가 연구의 초점이 된다. 이 연구는 생물학적(출생에서 사망까지의 나이에 따른 과정) 또는 생애사적으로(어떻게 개인적인 삶이 만들어지고 요람에서 무덤까지 사회적으로 구성되는지) 이해될 수 있다. 또한 집단적으로(삶이 세대 내에서 그리고 세대에 걸쳐 어떻게 사회적, 제도적으로 형성되는지), 역사적으로(사람들이 태어나고 삶을 살아가는 연대순의 시간), 지리적으로(삶이 전개되는 모습과 형태에 영향을 주는 공간과 지역 문화) 이해될 수도 있다. 개인의 생애는 생애과정 연구에 필수적인 것이지만, 개인의 생애가 집단적으로 어떻게

---

4) 패널 설계(panel designs)와 대조적으로, 반복적이고 순환적인 교차-단면 설계(cross-sectional designs)에서는 각각의 현장 방문 과정에서 집단이나 인구 수준의 데이터를 수집하고 분석함(Grossoehme & Lipstein, 2016; Ruspini, 2002: 4). 이러한 연구 설계 방식은 동일한 표본(samples)을 따라가지 않기 때문에 개인이나 집단의 생애사적, 역사적 변화를 식별할 수 없음. 그러나 각 사회 변화가 있을 때마다 다른 지역사회, 조직, 인구 표본을 모집하는 방식은 사회 구조의 변화 안에서의 집단들(clusters)을 이해할 수 있음. 따라서 일부 종단연구에서는 순환적인 교차-단면 설계와 패널 설계 방식을 결합하기도 함(예: Loumidis et al., 2001).

전개되는지, 개인과 집단의 삶이 어떻게 형성되고, 결과적으로 더 넓은 사회적 과정들에 의해 개인과 집단이 삶이 어떻게 형성되는지에 대한 관심도 중요하다(Elder, 1994; Elder & Giele, 2009).

생애과정은 생애와 **역사 사이의 연결 고리**를 분별하는 데 핵심 요소이다. Mills(1959)는 이원적인 과정(dual processes)과 복잡한 교차점(complex intersections)을 탐구했으며, 이를 사회학적 상상력의 중심 과제로 보았다. Mills(1959)의 관심사는 생애사적 개인 문제(personal troubles of biography)를 역사와 사회의 공적인 과제(public issues)로 바꾸는 것이었다.

> 생애사와 역사 간의 관계에 대한 사전 이해 없이는 사회를 이해할 수 없다. …… [과제는] 역사의 문제, 생애사의 문제, 생애사와 역사가 교차하는 사회 구조에서 사회 문제에 대한 관심을 지속적으로 연구하고 수정하는 것이다(Mills, 1959: 225).

생애과정 연구자들 사이에서는 종단적 렌즈(longitudinal lens)를 통해 이러한 요인들 간의 복잡한 교차점이 가장 잘 이해될 수 있다고 받아들여지고 있다. 미시-거시의 시간 축에서 펼쳐지는, 삶을 그려 내는 다양한 요소를 알아내는 것은 영속적인 과제이다(제2장 참조). 생애과정 연구에 접근하는 방법은 이와 같은 다양한 요소의 변화 영역을 어떻게 이해하는지, 변화의 상대적 우선순위를 어떻게 부여하는지에 달려 있다. 이는 다양한 무형식의 연구 분야를 생성한다(Neale, 2015).

양적 종단연구

지금까지 우리의 논의는 양적이든 질적이든, 종단연구에 공통적인 특징에 초점을 맞추었다. 둘 다 시간에 대한 관점은 전망적(prospective)이지만, 둘은 서로 다른 규모의 조사를 운영한다. 독특한 시간 프레임과 템포에 의해 형성된 다른 종류의 영화를 제작하는 것이다. 양적 종단연구, 코호트(cohorts) 및 패널 연구는 1920년대 후반, 주로 미국의 의학 및 아동 발달 분야에서 발전하기 시작했다. 당시의 연구는 현대보다 규모가 작았다[양적 종단연구의 발전은 Phelps, Furstenberg, & Colby(2002) 및 Ruspini(2002) 참조]. 대규모 연구는 통계적으로 분석할 수 있는 **큰 '얇은**(thin)' 데이터 생성을 통해 사회 행동 패턴의 변화를 도표로 만들 수 있다. 이 과정에서는 사건 기록 모델링(event history modelling) 및 기타 분석 기술이 사용된다(Elliott, Holland, & Thomson, 2008). 이와 같은 연구들의 규모는 다양하다. 지역사회 기반 연구는 수백 명의 연구 참여자를 모집하는 반면[예: Brunswick(2002)의 「할렘 청소년 건강 종단연구(Longitudinal Harlem Adolescent Health Study)」], 국가 수준의 대표적인 연구는 수천 명의 연구 참여자를 모집할 것이다[예: 「국가 아동 발달 연구(National Child Development Study)」의 1958년 코호트]. 어떤 것이든 이 연구들은 공통적으로 큰 데이터세트를 기반으로 대규모의 변화 패턴을 밝혀낸다. 패널 구성원은 일정한 간격으로 일련의 반구조화된 질문을 받게 될 것이다[보통 종단 패널 연구는 매년, 출생 코호트 연구는 5년 단위로 진행함(Ruspini, 2002: 4)]. 일반적으로 이러한 연구들은 조사 템포가 규칙적이고 템포의 간격이 넓은 편이며, 전체적인 시간 프레임이 수십 년의 변화에 걸쳐져 있다.

이러한 연구의 규모를 고려할 때, 연구의 초점은 무엇이 변화하는지, 누구에게 변화가 일어나는지, 변화의 방향과 범위가 어떠한지, 그리고 변화가 어디서, 언제, 얼마나 자주 발생하는지에 맞춰진다. 예를 들어, 빈곤이나 동거와 같이 사람들이 특정한 상황, 상태에 놓이는 시간을 보여 주는 데이터는 연구 집단의 변화에 대한 광범위한 시간 순서의 그림들을 생성한다(Leisering & Walker, 1998). 이것은 사회, 세상에 대한 조감도(bird's-eye view) 또는 원거리 촬영을 통한 파노라마 그림을 만든다. 그 결과, 사회적 역학(social dynamics)에 대한 의미 있는 표면 그림을 담은 서사 영화(epic movie)가 만들어졌다. 그러나 그것은 줄거리의 복잡성, 이야기의 동적인 꼬임과 비틀림 등은 시야에서 가려진 영화이다(Neale & Flowerdew, 2003).

질적 종단연구

양적 종단연구와 대조적으로, 질적 종단연구는 질적·해석주의적 전통 내에 위치한다(Ritchie & Lewis, 2003). 질적 종단연구도 양적 종단연구처럼 유서 깊은 역사를 가지고 있다. Van Gennep(1960/1909)은 초기의 역동적인 사상가 중 한 명이다. Gennep(1960/1909)은 「통과의례(The Rites of Passage)」에서 출생, 성인으로의 입문, 결혼 및 죽음의 의례적인 과정에 대한 질적 종단연구를 수행했다. 이를 통해 그는 삶의 변화가 갖는 지역적 의미, 변화의 메커니즘과 조화를 이루는 생애과정의 전환에 대한 통찰력을 발전시킬 수 있었다. 그는 삶이 전개되는 과정에서 나타나는 연속과 변화 간의 공존을 정립한 최초의 인류학자 중 한 명이었다. 페이비언 협회(Fabian Society)[5]로부터 지원받아서, 런던 램버스(Lambeth in London)를 배경으로 실행된 최초의 전망적 질적 종단연구 중 하나에서는 다른 종류의 역동적인 통찰력이 나타났다(Pember Reeves, 2008/1913). 통찰력 있는 인류애가 가득한 그 연구에서 연구자들은 1년 동안 매주 42명의 저소득층 근로자 가정을 방문하여 연구 참여자들의 예산, 음식, 가족의 컨디션과 건강을 기록하고 변화하는 가족의 운명과 불안정한 삶을 드러냈다.

Pember Reeves의 선도적인 연구의 모형을 보면, 질적 종단연구가 개인 또는 작은 집단에 대하여 소규모의, 심층적인 연구의 형태를 취하며, 상대적으로 길지 않은 시간 프레임 속에서 연구 대상을 집중적으로 추적하여 풍부하고 맥락적인 생애사적 데이터를 생성함을 알 수 있다. 질적 종단연구의 템포는 대규모 종단연구보다 **더 집중적이고 유연**하다. 재방문 패턴은 다양하고, 각 방문 단계마다 생성된 데이터는 그다음 방문을 위한 정보를 제공한다(Smith, 2003). 이러한 유형의 종단연구에는 미시적 · 역동적 관점이 깊이 내재되어 있다. 개인 또는 소규모 집단에서 이러한 연구가 진행될 때, 연구자의 관심은 정밀한 방법으로 측정할 수 있는 구체적인 사건, 변화 및 전환에만 있는 것이 아니다. 연구의 초점은 이러한 삶의 과정을 만드는 개인의 주체성, 이를 지지하는 감성 및 도덕적 동기, 사람들이 과거를 이해하고 미래를 탐색하기 위해 사용하는 전략, 이러한 삶의

5) 역자 주: 1884년 설립된 영국의 진보 싱크탱크임(left-leaning think tank). 홈페이지(https://fabians.org.uk) 참조.

과정을 형성하는 지역 문화에 있다.

이러한 방식으로 시간은 인간의 경험에 순발력과 생명력을 불어넣어 준다. 질적 종단연구는 삶의 '내면적 논리(interior logic)'에 접근하여 변화가 어떻게 만들어지고, 조정되고, 살아지고, 경험되는지 식별함으로써 사람의 마음과 정신에 관여한다. **인간 주체성**(human agency)의 역학에 대한 관심이 이 접근 방법의 핵심이다. 여기서 주체성이란 행동하고, 상호작용하고, 선택하고, 자신의 삶과 타인의 삶의 형태에 영향을 미치는 역량이다. 동등하게 중요한 것은 **인간 주관성**(human subjectivity)**의 역학**이다. 인간 주관성의 역학은 사건, 상황 및 사회적 과정이 그것을 경험하는 사람들에게 부여하는 의미의 변화이며, 동시에 해석 과정에서 연구자의 변화하는 주관성을 인정하는 것이다(McLeod & Thomson, 2009; Thomson & Colleagues, 2002). Midgely(2014)는 인간 경험의 이러한 주관적인 측면이 객관적으로 정의된 사실이나 과정만큼 사회와 세상을 검증하는 데 중요하다는 점을 상기시킨다. 주관적인 설명은 고정된 것이 아니다. 사람들이 자신의 생애사를 다시 쓰고, 삶의 이야기에서 내러티브의 일관성을 추구함에 따라 과거는 '재작업(reworked)'된다(Cohler & Hostetler, 2004; Halbwachs, 1992; Holland & Thomson, 2009; Kohli, 1981; Neale & Flowerdew, 2003).

본질적으로 주체성과 주관성은 역동적인 개념이다. 주체성과 주관성은 사건이나 상황에서의 구체적인 변화와 함께 시간의 흐름에 따라 변화하는 인식, 가치, 열망, 전략 등을 식별할 수 있게 해 준다. 반응적인 템포와 감성을 지닌 질적 종단연구는 사람들의 삶과 '함께 걷기(walking alongside)'를 하는 과정으로 비유되어 왔다(Neale & Flowerdew, 2003). 다시 한번 영화의 비유로 돌아가면, 질적 종단연구는 개인에게 클로즈업된(up-close-and-personal) 친밀한 영화를 제작함으로써 특정한 변화 상황에 놓인 개인과 집단에게서 사회적 세계가 왜, 어떻게 다양한 방향으로 전개되는지에 대한 통찰을 제공한다(Neale, 2015; Neale & Flowerdew, 2003). 개인에게 클로즈업되었다는 것은 몇 가지 제한 사항을 내포한다. 질적 종단연구의 작은 표본 크기와 상대적으로 길지 않은 시간 프레임은 증거(evidence)와 결과(findings)의 폭을 제한할 수 있다. 그리고 종단적 프레임이 연구 참여자의 삶의 모멘텀(momentum)과 매칭되지 않거나 이를 포착하지 못할 수도 있다. 따라서 종단연구 범위의 한계가 무엇인지, 종단연구를 통해 장기적인 변화의 궤적과 폭넓은 사회적 변화 과정에 대하여 얼마나 많은 것을 밝혀낼 수 있는지에 대하여 주의가 필요할 수 있다.

앞에서 설명한 다양한 종류의 종단적 '영화'는 상호보완적인 장단점이 있다. 양적 종단연구는 하나의 상태에서 다른 상태로 연구 대상 집단의 대대적인 이동을 확실하게 보여 줄 수 있다(예: 빈곤, 이주, 결혼 또는 투병 · 완치). 다음으로, 질적 종단연구는 그러한 여정이 시작된 이유, 여정을 형성하는 요인, 그리고 이러한 여정이 어떻게 관리되는지, 경험되고 있는지를 밝힐 수 있는 잠재력이 있다. 현재 지속되고 있는 상황은 안정성, 관성 또는 침체와 연결되어 있는가? 전환과 궤적은 어떻게 전개되는가(위로 또는 아래로, 안정적 또는 불안정적, 병렬적인지 또는 상호 연결되어 실행되는지)? 표본의 사례에 따라 이러한 경로들(pathways)은 어떻게, 왜 모여들고 나뉘는가? 여행은 계획된 또는 갑작스러운 것인가? 지정된 또는 강요된 것인가? 즐거운 또는 불쾌한 것인가? 전환은 순조롭고 긍정적인가? 아니면 우회하거나 오히려 뒤로 가는 길인가? 질적 종단연구는 이러한 복잡하고 역동적인 질문을 해결하고, 변화가 발생한 생성 메커니즘 및 그 변화 과정에 대한 설득력 있는(plausible) 설명을 할 수 있게 해 준다(Elliott, 2005). 그리스 시인 Homer의 서사시인 「오디세이(Odyssey)」와 같이, 여행의 본질과 의미는 목적지 도착만큼이나 중요한 것이다(Neale, 2015).

질적 종단연구의 가치에 대한 가장 의미 있는 통찰력은 두 가지 전통의 연구(질적 · 양적 종단연구)를 모두 수행한 생애과정 연구자들로부터 나온다.

> 인구통계 조사는 전체 인구에서 이주 규모와 분포를 보여 줄 수 있지만 …… 개인 또는 가족의 '역사'만이 왜 한 사람은 이동하고, 다른 사람은 그대로 있는지를 밝힐 수 있다(Giele, 2009: 236).

> 양적 종단연구는 개인들에 대한 상세한 정보를 제공할 수 있는 잠재력이 있지만, 이 접근 방식에서 개인이 자신의 삶에 대하여 말하는 내러티브는 손실된다. …… 내러티브 접근 방식은 시간의 흐름에 따라 변화하는 정체성에 대하여 능동적이고 과정적인 관점을 제공하며, 더욱 맥락적으로 접근할 수 있게 해 준다. …… 양적 종단연구는 성찰적인 개개인에 대한 접근을 제공할 수 없다. …… 이 요소가 없으면 사람들

> 은 그들이 살고 있는 문화와 공동체의 유지와 변화에 기여하는 것이 아니라, 미리 정의되고 구조적으로 결정된 사회적 관계의 영역 내에서만 결정을 내리고 행동하는 것으로 보일 위험이 있다(Elliott, 2005: 131).

이러한 주장을 뒷받침하는 가장 강력한 증거는 두 가지 형태의 조사에 모두 참여한 개인에게서 나올 것이다. 다음은 「국가 아동 발달 연구(National Child Development Study, 1958 코호트)」의 패널 구성원이었으며, 50세의 나이에 혁신적인 질적 연구에 참여한 연구 참여자의 의견이다(Elliott, 2010a: 3-4).

> 연구자가 와서 나에게서 정보를 얻어 간다. 때때로 단지 '예' 또는 '아니요'에 대한 질문이다. …… 그리고 나는 거기에 뭔가를 넣고 싶을 수도 있다. '오! 하지만 그들이 나에게 그것을 묻지 않아.'라고 생각되는 부분들이 있다. 나는 '그들이 그것을 알아야 한다.'라고 생각한다. …… 그래서 '인생 인터뷰(life interview)'가 나에게 좋은 이유는 아마도 「국가 아동 발달 연구」가 알아내지 못했던, 내 삶에서 일어난 일들을 당신에게 말할 수 있었기 때문이다.
>
> 나는 다른 많은 사람에게 말하지 않은 것을 당신에게 상당히 솔직하게 '말했다'. 당신은 아마도 지금쯤 내가 어떤 종류의 사람인지에 대한 그림을 갖고 있을 것이다. 당신에게 몇 년에 한 번 집에 와서 몇 가지 질문을 하고 떠드는 사람들이 있다면, 그들은 실제 그 사람을 알아 가는 것이 아니다(Elliott, 2010a: 3-4).

공백 채우기

양적 종단연구는 전통적으로 생애과정 연구의 '황금 표준(gold standard)'으로 여겨져 왔으며, 질적 종단연구는 주류 생애과정 연구의 주변부에서 위치한 유용한 보완책으로서 주변적인 역할을 맡아 왔다(Elder & Giele, 2009: vii-viii; Heinz, 2003: 75). 특히 미국의 생애과정 연구자들 사이에서 증가하는 질적 종단연구에 대한 지식은 여전히 부족하며, 질적 종단연구는 확립된 방법론적 전통에 명확한 정의나 근거가 없는 미숙한 접근 방법으로 여겨지고 있다(Hermanowicz, 2016). 그럼에도 불구하고, 이 두 가지 종단연구가 동등하게 가치 있고 상호보완적인 사회 세계의 비전을 창출한다는 인식이 점점 더 늘어나고 있다. 종단연구자들이 직면하고 있는 많은 과제는 두 가지 연구방법론 분야에서 연구하는 연구자들에게 공통적이므로, 연구방법론에 대한 아이디어와 통찰을 생산적으로 상호교류할 수 있는 포럼이 만들어지고 있다(Elliott, Holland, & Thomson, 2008; Phelps, Furstenberg, & Colby, 2002). 또한 이들 사이의 간극을 메울 방안에 대한 관심도 높아지고 있다. 찾아내기 어려운 전국 단위의 대표 표본을 찾는 것이 아니라 규모가 축소된 지역사회 수준의 조사가 개발되고 있다(Rothman, Gallacher, & Hatch, 2013). 혼합 종단연구방법론은 정교해지고 있으며(Laub & Sampson, 1998; Heinz, 2003), 질적 종단연구방법은 점점 더 큰 규모의 연구에 포함되거나 이를 보완하는 데 사용되고 있다(예: Elliott, Miles, Parsons, & Savage, 2010; Entwisle, Alexander, & Olson, 2002; Farrell et al., 2006; Morrow & Crivello, 2015). 이러한 방법론적 전통들을 혼합하여 사회조사

(social research)의 내러티브 접근 방식을 수행할 수 있다는 가능성은 중요한 의미를 갖는다(Cohler & Hostetler, 2004; Elliott, 2005).

이러한 발전과 병행하여, 전통적으로 소규모의 현장 조사로 여겨지던 질적 종단연구는 최근 연구들을 통해 증거 기반을 강화하고 데이터 분석의 깊이와 넓이를 결합하는 방식으로 '규모 확대(scaling up)'가 이루어지고 있다. 이와 관련한 하나의 발전 방향으로 다양한 질적 종단 또는 혼합 종단 데이터세트에서 가져온 기존 데이터를 재검토하고 결합하는 작업이 수행되고 있다(Lindsey, Metcalfe, & Edwards, 2015). 「시간 풍경 연구(Timescapes Study)」의 목표 중 하나는 질적 데이터의 '공동 재사용'을 촉진하기 위해 7개의 질적 종단 프로젝트를 모으고 보관하는 것이다(Bishop & Neale, 2010; Irwin, Bornat, & Winterton, 2012; Irwin & Winterton, 2014; Neale & Bishop, 2012; www.timescapes.leeds.ac.uk).

질적 패널 연구(qualitative panel research 또는 qualitative panel study)의 발전은 질적 종단연구의 영역을 확장하는 또 다른 길을 보여 준다(Burton, Purvin, & Garrett-Peters, 2009; Morrow & Crivello, 2015; www.welfareconditionality.ac.uk). 이러한 연구들은 표본의 크기, 지리적 적용 범위, 연구팀 구성 및 역사적 범위 측면에서 결코 소규모가 아니다. 사실상 그 연구들은 세 번째 유형의 영화, 즉 크고 풍부한 데이터와 증거에 기반하면서도 결정적으로 깊이와 설명력을 유지하는 '친밀한 서사시(intimate epics)'를 보여 준다(Neale, 2015). 두 가지 종단적 전통 사이의 간극을 메우려는 시도는 새로운 발전임과 동시에, 종단연구와 생애과정 연구가 발전하고 번성할 수 있는 새롭고 풍부한 방법론적 인프라(methodological infrastructure)의 등장을 시사한다.

질적 시간 연구의 발전 동향

이제 우리의 논의는 질적 시간 연구에 대한 고민으로 전환된다. 우리는 사회 인류학 현장 연구(social anthropological field research)에서 사회학적 재연구(re-studies), 생애사, 구전 역사 및 내러티브 유형의 연구를 논의할 것이다. 여기서 우리의 목표는 확립된 학문 분야들이 시간과 연관되는 방식을 알아내고, 그 학문 분야들 안에서 질적 종단연구의 위치를 식별하는 것이다. 여기서 연구 분야 간의 차이점보다 공통된 맥락에 더 중요한 경향성이 있다는 점에 주목해야 할 것이다. 이러한 분야들 전반에 걸쳐 여러 가지 유사한 발전이 있으며, 방법론적 아이디어와 통찰력에 관하여 중요한 상호 검토와 교류가 존재하기 때문이다.

종단적 문화기술지

사회인류학자들은 20세기 초부터 소규모 농촌 지역사회에서 문화기술지 연구를 수행해 왔다(Foster et al., 1979; Peterson Royce & Kemper, 2002). 이러한 연구는 상당수가 종단적으로 수행된다. 이 접근 방식은 일반적으로 지속적이고 집중적인 문화기술적 몰입(연구 참여자 관찰 및 인터뷰의 혼합)을 포함한다. 또한 동일한 연구자의 폭넓은 참여가 뒤따르고, 때로는 수십 년 동안의 재방문이 이어진다(그리고 종종 새로운 세대의 연구자가 연구 현장을 물려받는다). 이것은 독특한 종단 프레임을 생성한다. Marcel Mauss의 전통에 따라, Howell(2012: 156)은 그 과정을 '풍부한 바다에 다른 그물을 담그고, 매번 다른 수산물을 잡는 것'에 비유한다. 또한 그녀는 바다의 구성요소들이 시간의 흐름에 따라 변화된다고 강조하며, 문화기술지 연구자들이 변화하는 지역 지형에 대한 이해를 바탕으로, 무작위가 아니라 분명한 목적을 갖고 은유적 그물(metaphorical nets)을 던진다고 말한다(Howell, 2012: 157).

종단적 문화기술지(longitudinal ethnographies)는 본질적으로 전망적인 성격을 갖고 있기 때문에, 재방문이 계획되어 있다. 한편, 종단적 문화기술지에서는 장기적인 역사적 범위를 포괄해야 하므로 지속적으로 회고적인 관점도 필요하다. 문화기술지 연구와 광범위한 역사적 범위 간의 결합은, 그다지 넓지 않은 시간 프레임을 가진 보통의 질적 종단연구와 비교했을 때 독특하고 인상적인 특징을 갖는다. 종단적 문화기술지 연구자들은 삶이 어떻게 살아지고 이야기되는지, '살아진 삶'과 '이야기가 된 삶'이 시간의 흐름에 따라 어떻게 변하는지 탐구할 수 있다. 공동체 단위에서는 수년이 지난 후 같은 연구자 또는 다른 연구자에 의한 연속적 재연구(serial re-studies)도 수행될 수 있다(Burawoy, 2003). 인류학적 현장 연구(anthropological field research)는 그것이 '진짜' 종단적인지(즉, 지속적이거나 정기적인 현장 참여가 포함되는지), 재연구인지(수년의 공백이 있는지)에 관계없이, 개인이나 소규모 집단보다는 변화하는 공동체 자체에 연구의 초점을 두는 경향이 있다. 그럼에도 불구하고, 작은 규모의 공동체에 대한 집중적인 참여는 인류학자들이 공동체의 구성원, 특히 밀접하고 지속적인 관계를 형성한 주요 연구 참여자의 삶에 대하여 미시역학적(micro-dynamic) 지식을 개발한다는 것을 의미한다.

Foster(1979, 2002)가 멕시코의 친춘찬(Tzintzuntzan) 마을에서 수행한 연구가 대표적인 사례다. 1945~1946년에 수행된 현장 조사의 기초 단계는 6개월 동안의 지속적인 문화기술지 연구로 이루어졌으며, 매월마다 일주일 동안의 방문 조사가 이어졌다. 12년 후인 1957년, Foster는 연구 현장을 재방문했고, 그 후로 일생 동안 정기적인 재방문(1년에 한두 번)을 통해 총 반세기 동안의 변화를 연구했다(Foster, 1979, 2002). Foster가 언급했듯이, 그의 연구는 지속적이고 종단적인 현장 참여와 보다 간헐적인 재연구 사이의 차이를 연결하여, 시간을 앞뒤로 바라보면서 역사적 발전이 마을 사람들의 삶에 미치는 영향을 파악할 수 있었다. 다수의 인류학자처럼 Foster는 자신이 다시 방문한 지역사회에 대한 지속적인 헌신을 이어 갔으며, 은퇴 후에는 새로운 세대의 연구자에게 '망토(mantle)'를 넘겼다(Foster, 1979, 2002; Peterson Royce & Kemper, 2002).

역동적인 과정을 식별하는 종단적 문화기술지의 힘은 처음에는 발전 속도가 느렸다. 초기 경험론자들은 여러 차례 현장을 방문하면서, '시간적 연결(temporal connection)'이 없는 일련의 스냅사진만을 생성했다(Buravoy, 2003; Foster et al., 1979; Howell & Talle, 2012). 그들의 관심사는 '문화기술지적 현재(ethnographic present)'를 통해 제한된 전통 사회를 문서화하는 것이었다. 이것이 당연한 것으로 여겨졌기 때문에 데이터가 수집된 역사적 순간 자체는 연구와 관련이 없다고 간주되었고, 날짜는 그다지 중요하게 여겨지지 않았다(Fabian, 1983; Foster et al., 1979: 4; Royce & Kemper, 2002).

이것은 전쟁 이후, '시간을 무시하는 사회 모델은 부적절하다. …… 우리의 관심사는 변화를 연구할지의 여부가 아니라 그것을 연구하는 방법'이라는 인식이 증가하면서 변화하기 시작했다(Wilson, 1977: 21). 사회시스템의 역동적이고 개방적인 성질을 인정하게 되면서, 이러한 변화 과정을 포착할 수 있는 방법론을 개발할 필요성이 커졌다(Firth, 1959; Foster et al., 1979). 1970년대 후반부터, 종단적 문화기술지는 '시간의 흐름을 통해(through the stream of time)' 삶을 연구할 수 있는 방법을 탐구하는 '일련의 편집된 수집 자료(a series of edited collections)'를 바탕으로 발전하기 시작했다(Kemper & Peterson Royce, 2002: xv). 종단적 문화기술지 또는 Grandia(2015)가 최근 '느린' 문화기술지라고 부르는 연구방법은, 질적인 깊이와 역사적 범위를 결합할 수 있는 가장 강력한 질적 종단연구의 유형 중 하나로서 지속적으로 각광받고 있다. 대부분 질적 종단연구의 이론적 기초는 최근 수십 년 동안 질적 종단연구 발전의 토대를 마련한 종단적 문화기술지 연구자들의 선도적인 노력에 바탕으로 두고 있다.

사회학적 재연구

앞에서 설명한 문화기술지적 전통은 산업사회에서 사회학적 재연구(sociological re-studies)의 발전에 직접적으로 영향을 미쳤다. 사회학적 재연구는 20세기 전반기 동안 다양한 지역사회에서 나타나기 시작했다. 그 이름이 의미하는 것처럼, 재연구는 연구 현장을 다시 방문하고 이전의 연구를 업데이트하여 현재와 관련된 과거의 것을 발견하고 새로운 통찰력을 얻는 것을 포함한다. 새로 생성된 데이터는 이전 연구의 결과 및 데이터와 대화(dialogue)를 나누며, 둘 사이를 직접적으로 비교할 수 있는 도구를 만든다(종합적인 검토는 Bell & Newby, 1971; Charles & Crow, 2012; Crow, 2002, 2012 참조). Duncan(2012: 313)은 이러한 연구를 '공간이 아닌 시간에 따른 비교를 사용하는 비교 연구의 종류'라고 설명한다.

미들타운(Middletown)[6]에 관한 연속적인 연구부터 최근 스완지(Swansea) 지역의 재연구에 이르기까지 오랜 재연구의 학문적인 계보를 추적하고자 한다(Charles, Davies, & Harris, 2008; Lassiter, 2012; Lynd & Lynd, 1929, 1937; Rosser & Harris, 1965). 인류학적 방법과 사회학적 방법의 생산적인 융합으로 보이는 초기 연구에는 종종 두 가지 방법론적 전통을 추구하는 연구자가 모두 참여했고, 문화기술지적 방법과 인터뷰 기반 방법이 혼합되어 사용되었으며, 지역 사회 공동체를 연구 단위로 정했다. 동시에 그들은 사회과학 분야에서 더 널리 촉진되고 있던 역사적 사회학의 한 형태를 개척하고 있었다(Abrams, 1982; Gergen, 1973; Mills, 1959).

> 역사가 없는 사회학은 할리우드(Hollywood)의 세트장과 비슷하다. 훌륭한 장면들이 화려하게 그려져 있지만, 그 뒤에는 아무것도 아무도 없다[Tilly, Miller(2000: 21)에서 재인용].

6) 역자 주: 미국 인디애나주의 먼시 지역을 일컬음.

연구자들은 처음부터 사회적 변화와 연속성 간의 교차 과정에 대하여 최우선적인 관심이 있었다[연속성은 그 당시 종종 '전통(tradition)'이라는 용어로 표현됨]. 이러한 우려는 재연구 자체에 국한된 것이 아니라 원래 연구자들이 갖고 있는 편견이기도 했다[예를 들어, Stacey(1960) 참조].

시간과 상호작용하고 관계를 맺는 초기 재연구의 특별한 방식은 이 연구 분야에 다음과 같은 독특한 특성을 부여했다. 첫째, 재연구는 역동적인 프로세스를 추적하면서 전향적인 이해를 추구하는 경우가 거의 없다. 종단적 문화기술지가 전망적 시선과 회고적 시선을 결합하는 데 반하여, 재연구에서의 시선은 회고적이며 과거와 현재라는 두 개의 스냅사진을 비교하기 위해 뒤를 돌아보는 데 집중한다. 둘째, 집중적이고 광범위한 템포를 결합할 수도 있는 종단적 문화기술지와 달리 재연구는 광범위한 템포만을 사용한다. 기존 연구와 재연구는 일반적으로 수년(최소 10년) 이상 분리됨으로써, 의미 있는 **역사적 범위**를 생성할 수 있기 때문이다. 재연구의 과거를 돌아보는 시선, 광범위한 연구 범위, 공동체에 대한 초점은 동일한 개인들은 거의 추적하지 않는다는 것을 의미한다. 이러한 방법론적 특성은 삶이 생애사적으로 어떻게 전개되고 있는지, 생애사적 과정과 역사적 과정이 어떻게 교차하는지 파악할 수 있는 범위를 제한한다.[7] 전통적으로 이와 같은 연구는 기존 연구와 재연구 사이의 연속성이 현저하게 단절되는 것이 특징이다. 다만, 신선하고 자유로운 비전을

7) 연구자들은 재연구의 본래 연구 참여자를 추적하려고 시도할 수 있음(예를 들어, Crow, 2012; Stacey, Batstone, Bell, & Murcott, 1975 참조).

가지고 연구 현장에 진입하는 2세대 연구자가 인류학적, 사회학적 재연구를 수행하는 경우, 연구 간의 연속성이 강화되는 경향이 있으며, 기존 연구자와의 협력이나 협의도 가능하다(Charles, Davies, & Harris, 2008; Lewis, 1951).

전반적으로 재연구의 특별한 강점은 장기적인 템포를 가지고 있다는 점이다. 그리고 이를 통해 거시적-역사적 과정들(macro-historical processes)을 선명하게 부각시키며, 성찰적이고 회고적인 시선을 통해 그 과정들을 재조명할 수 있다는 점이다. 그러나 이러한 방식으로 수행된 재연구는 전형적 종단연구의 틀이 만들어 내는 과정적 이해(processual understanding)는 생성할 수 없다. 이러한 이유로 동일한 개인을 추적하며 생애사적 이해를 그림으로 그려 낼 수 있는 범위는 더 적다. 이처럼 시간 설계 차원에서 재연구와 질적 종단연구는 서로 다른 강점과 약점을 갖는 경향이 있다.

하지만 재연구가 시간과 상호작용하는 방식이 고정되어 있는 것은 아니다. 질적 종단연구와 재연구의 방법론을 융합할 수 있는 잠재력이 논의되고 있고, 이 내용은 O'Connor와 Goodwin(2010, 2012) 및 Goodwin과 O'Connor(2015)의 역사적 · 사회학적 비교 연구에 잘 설명되어 있다. 이 연구자들은 2001년부터 Norbert Elias와 그의 동료들이 1960년대 초에 수행했던 「레스터 청년 노동자 연구(The Leicester Young Workers Study)」에 대한 재연구를 진행하고 있다. 기존 연구에서 약 900명의 청년을 대상으로 하는 인터뷰 기반 설문조사와 그 연구 참여자들의 연락처 정보를 포함한 풍부한 데이터세트가 생성되었으나, 불행히도 아직 연구는 완료되지 않았다. 이 보물 같은 데이터들은 재발견 · 재구성 · 재사용될 때까지 약 40년 동안 레스터대학교(The University of Leicester) 사회학과의 다락방 창고에 있는 수많은 상자 속에 방치되었다. 연구자들은 이전 연구의 데이터를 새로운 방식으로 '읽을(read)' 수 있었고, 1960년대 청년들의 불안정한 고용 경험을 새롭게 조명하여 전후 영국에서의 청년 고용과 실업 문제에 관한 사회적 지식의 공백을 메울 수 있었다(Goodwin & O'Connor, 2015). 또한 그들은 이전 연구 결과를 청년의 전환기 및 고용에 대한 연구의 기준으로 사용하여, 역사적 시간에 따라 변화하는 관습과 상황에 대한 새로운 통찰력을 제공했다.

특히 이 연구에서 중요한 점은 연구자들이 기존 표본에서 100명의 생애사를 추적, 재인터뷰(re-interview), 재구성하여, 회고적으로 40년에 걸친 연구 참여자의 고용 경로에 대한 과정적 이해를 도모했다는 것이다. 미시적-역동적(micro-dynamic) 데이터는 과거에서 현재까지의 연속성을 제공했을 뿐만 아니라, 연구 참여자의 변화하는 개인적 삶을 통해 역사적 과정을 이해할 수 있게 했다(Goodwin & O'Connor, 2015). 특정한 역사적 순간에 생성된 동시대의 데이터 세트는 40년에 걸친 광범위한 질적 종단 데이터세트로 전환되었다(O'Connor & Goodwin, 2010, 2012: 486). 이 연구들의 저자가 언급한 것처럼, 질적 종단 재연구(Qualitative longitudinal re-study)는 아직 개발되지 않은 커다란 미래 잠재력이 있다. 이 잠재력을 개발하기 위해서는 펼쳐지는 개인의 삶에 더 초점을 두어야 하며, 실용적으로는 이전 연구의 연구 참여자를 식별하고 추적할 수 있도록 운영되어야 한다. 결과적으로 이 연구방법론의 발전은 미래 세대의 연구자들이 사용할 수 있도록 연구 참여자의 세부 연락처 정보, 원본의 요약되지 않은 데이터세트를 간직하고 보관하겠다는 약속에 달려 있다.

생애사 연구, 구술사 연구 및 내러티브 연구

연구방법론에 대한 지도 그리기(mapping)는 개인 또는 소규모 집단에서 전개되는 생애과정에 관심을 두고 있는 학문 분야에 대한 고찰로 마무리하고자 한다. 앞의 연구방법들은 시간과 관계를 맺는 방법에서는 다른 경향이 있지만, 생애과정에 대한 관심은 전반적으로 공유하고 있다. Bornat(2004: 34)은 다음과 같이 말했다.

> 사회과학에서 생애사에 대한 관심은 역사 연구에서 기억의 공헌을 마지못해 받아들이는 것과 결합하여, 종종 상호 교환적으로 사용되는 용어, 학파 및 그룹의 확산을 가져왔다. 일부는 학문적인 영역 기반을 가지고 있으며, 다른 연구자들은 학문 분야들 사이에 새로운 영역을 개척하려고 시도한다. 구술사, 생애사, 인생 이야기, 인생 역사, 내러티브 분석, 회상(reminiscence) 및 인생 리뷰 등과 같은 레이블들(labels)이 서로 관심을 끌기 위해 밀치고 경쟁한다. 하지만 모두의 공통점은 개인들의 삶의 경험을 기록하고 해석하는 데 초점을 맞춘다는 것이다(Bornat, 2004: 34).

생애사 연구는 산업사회의 사회학, 특히 1920년대와 1930년대 시카고학파 내에서 발전했다(Shaw, 1930/1966; Thomas & Znaniecki, 1918~1921/1958). 이후 빠르게 쇠퇴했으나, 전쟁 이후 부활했다. 그 이후로 점차 질적 연구에서 하나의 분야로 인정받고 정착했으며, 현재는 세계적인 영향력을 갖게 되었다. 구체적인 연구방법은 다양할 수 있지만, 이 접근은 개인의 삶(또는 삶의 중요한 차원)에 대한 생애사적 내러티브 구성 및 분석을 포함하며, 이는 미시적-사회적(micro-social) 연결, 역사적 사건 및 과정, 삶의 경험의 결합체 안에서 작동한다(Miller, 2000).[8] 이러한 연구들은 사회학 및 역사와의 풍부한 융합을 사용하지만, 이것은 '아래로부터의(from below)' 역사이다(Perks & Thomson, 2016). 이 연구의 목표는 연구 참여자들의 경험에 가까운 방식으로 삶에 대하여 창의적이고 해석적인 스토리텔링을 하는 것이며, 연구 참여자들의 관점에서 사회-역사적 과정을 바라보는 것이다(Andrews, 2008; Roberts, 2002). 전쟁 이후 시대, 인간 행동에 대한 일반적인 패턴에 대해 관심을 갖는 실증주의적 사회조사 연구들은 역사적 기록에서 개인들을 삭제했으며, 이와 같은 연구방법론의 발전은 사회과학에서 늘어나는 사회조사 연구의 지배력에 대응하기 위한 갈망에 의해 주도되었다(Bertaux, 1981). 아마도 Thomas와 Znaniecki(1918~1921/1958)는 의미와 통찰의 자료로서 주관적인 이야기(subjective accounts)의 가치를 확립한 최초의 사람들이었을 것이며, 이러한 가치는 새로운 세대의 연구자들에 의해 강화되어 왔다(Portelli, 1979/2016).

동시에, Mills(1959)가 수행한 연구들은 생애과정 연구와 함께 미

8) 주요 참고 자료로는 Andrews, Squire, & Tamboukou(2008), Bertaux(1981), Chamberlayne, Bornat, & Wengraf(2000), Denzin(1989), Miller(2000), O'Neill, Roberts & Sparkes(2015), Plummer(2001), Roberts(2002), Thompson(2000) 등이 있음.

시적 · 거시적-역사적(macro-historical) 과정의 교차점에 강하게 초점을 맞추고 있고, 특수한 것에서 일반적인 것으로 이동함으로써 전자의 무결성을 유지하여 후자를 정교화 한다(Andrews, 2007; Bertaux, 1981; Denzin, 1989; Miller, 2000). Miller(2000: 22)가 언급한 것처럼, 삶의 이야기는 역사적 변화를 지속적으로 참고하지 않으면 전달할 수 없다. 이러한 연구들은 서로 다른 역사적 순간에 생성된 다양한 문서 및 기록된 자료를 종합하여 전체적인 그림을 그린다. 예를 들어, Thomas와 Znaniecki(1918~1921/1958)는 폴란드 이민자에 대한 선도적인 연구를 수행하기 위해 연구자들이 요청한 편지, 신문 기사, 자서전 기록 등을 사용했다. 오늘날까지 이 전통은 「대중 관찰 아카이브(The Mass Observation Archive)」에서 이어지고 있으며, 이 아카이브는 오랫동안 자원봉사 패널로부터 다양한 삶의 측면에 대한 개인적 기록을 축적해 오고 있다(www.massobs.org.uk, 예: Broad & Fleming, 1981). Thompson(1981: 290)은 사회적 생애사 연구자와 구술사 연구자들이 방법론적 순수주의자(methodological purists)보다는 '갈까마귀(jackdaws)'[9]이며, 다양한 증거를 꿰어 맞추어 삶과 시대에 대한 보다 풍부하고 종합적인 그림을 그리는 데 능숙한 '브리콜라주(bricoleurs)'[10]라고 본다. 따라서 어젠다는 구술 증

9) 역자 주: 갈까마귀(jackdaws)는 둥지 안에 여러 가지 물건을 모으는 습성이 있는 동물이며, 이 부분에서 '갈까마귀(jackdaws)'는 다양한 출처의 자료를 수집하는 연구자를 은유하는 것임.

10) 브리콜라주(bricolage)는 Levi-Strauss(1966)에 의해 소개된 것으로, 이러한 생애사 연구 분야에 완벽하게 어울리는 비유 사례임. 브리콜라주는 손에 닿는 어떤 재료든 사용하여 증거의 조각들을 재조합하고, 패치워크(patchwork)나 몽타주를 만들어 내어 새로운 통찰을 이끌어 내는 기술임(Yardley, 2008: 12).

언을 토대로 사람들의 역사를 창조하는 것(Thompson, 1981), 주관적 삶의 역사를 사회-역사적 과정에 대한 이해와 연관시키는 것(Bertaux, 1981; Hareven, 2000), 그리고 사회과학 탐구에 인간적이고 과정적인 접근 방식을 확립하고 입증하는 것이다(Plummer, 2001).

생애사적 연구 분야들은 방법론적 변곡점은 다르지만, 시간에 접근하는 방식은 유사한 경향이 있다. 첫째, 시간을 통해 전향적으로 삶을 추적하기보다는 회고적인 시선을 통해 삶의 역사를 재구성한다. 개인들의 개인적 이야기는 연구자가 과거를 재구성하는 기준으로 활용된다. 이러한 회고적 시선과 관련하여, 시간 데이터는 보통 시간적으로 수집되는 것이 아니라 한 번의 현장 방문을 통해 동시적으로 수집된다(Miller, 2000: 40). 이를 통해 보다 관리가 쉽고 예산이 적은 연구를 디자인할 수 있다. 또한 생애 '기록' 또는 인터뷰의 내러티브를 통해 삶을 포착하는 것 자체에 더욱 몰입할 수 있다. 그러나 이러한 방법으로는 변화하는 역동적인 과정에 대한 과정적인 이해는 어렵다. 이 연구에서 시간이 활용된 방식들이 질적 종단연구와의 차이를 가져온다. 다만 재연구에서 보았듯, 이러한 차이들은 확고하게 정해진 것은 아니다. 모든 질적 시간 연구자들처럼 사회 생애사 연구자와 구술사 연구자는 창의적이고 적응력이 뛰어나다. 이 분야는 '방대하고 끊임없이 변화하고 확장하는 창의적인 작업의 숙성(ferment) 과정으로 …… 발명을 통해 번성'하도록 진화했다(Bornat, 2008: 344). 이로 인해 생애사, 구술사 및 질적 종단 디자인의 흥미로운 융합이 이루어졌고, 최근 종단적 생애사라고 불리는 연구가 나타나기도 했다(King & Roberts, 2015). 예를 들어, 「시간 풍경 연구(The

Timescapes Study)」의 진행 과정에서 Bornat과 Bytheway는 「가장 오래된 세대 연구(The Oldest Generation Study)」를 위한 패널 디자인을 개발했다(Bornat & Bytheway, 2008, 2010; Bytheway, 2011). 연구자들은 시간의 앞뒤를 바라보면서 전망적으로 연구 참여자의 생애사를 탐구할 수 있었고, 노년층이 자신과 가족을 위해 미래를 인식하고 '살아가는(live out)' 방법을 파악하기 위한 도전에 나섰다.

나오며

이번 도입 장에서는 종단연구 및 생애과정 연구에서 확립된 규범, 질적 시간 연구 분야를 구성하는 핵심 요소와 관련지어 질적 종단연구의 위치를 논의했다. 이 과정에서 질적 종단연구의 중요한 특징 중 일부가 선명해졌는데, 그중 하나는 전망적인 질적 렌즈를 사용하여 '실제' 시간 안에서 생애사가 어떻게 전개되는지 파악하는 질적 종단연구의 능력이다. 지난 20년 동안 질적 종단연구의 특징들에 대한 이해가 빠르게 늘어나면서, 질적 종단연구가 시간적 규범 내에서 보다 확고한 위치를 차지할 수 있게 되었다. 서로 다른 연구방법 분야 간에 창의적인 시너지 효과가 있다는 증거도 나타나고 있다. 우리가 살펴본 바와 같이, 종단연구 영역에서는 대규모 연구와 소규모 연구 사이의 차이를 가로지르고 연결하는 데에 대한 새로운 관심이 증가하고 있다. 동시에 사회학적 재연구와 생애사 연구를 수행하는 연구자들은 자신들의 학문적 전통과 질적 종단연구 간의 접점을 탐색하고 있으며, 의식적으로 자신들의 연구 틀을 구성하는 데 질적 종단연구를 적용하고 있다(예: King & Roberts, 2015; O'Connor & Goodwin, 2010, 2012; O'Reilly, 2012; Stanley, 2013, 2015).

이 장에서는 종단적·시간적 연구 분야를 탐구하면서, 다양한 시간 연구의 방법 간에 존재하는 미묘한 차이점과 공통점을 설명했다. 이 논의들은 다양한 방법론적 전통을 혼합하여 창의적으로 연구를 디자인하는 것의 가치를 보여 준다. 소개된 연구방법들은 매우 흡수성(porous)이 있기 때문에, 서로 간에 많은 교차수정이 이루어지면 그 영역이 확장될 수 있다. 이러한 측면에서 질적 종단연구는 규정된 라벨링과 깔끔한 분류를 거부한다. 질적 종단연구자는 완벽한 브리콜라주다. 그들은 연구의 디자인과 템포를 만들기 위해 종단연구 및 재연구 분야로부터 자유롭게 연구방법을 차용하고, 시간에 대한 깊은 이해를 위해 데이터를 생성하는 과정에서 문화기술지, 생애사 및 내러티브의 접근 방식을 채택한다. 질적 종단연구는 엄격성도 요구하지만, 맞춤형 디자인(bespoke design)을 만들기 위해 전략적 레퍼토리를 적용하는 공예이기도 하다(Saldana, 2003). 이 주제는 제3장에서 더 심층적으로 논의될 것이다. 질적 종단연구에 대해 탐구하는 시간 여행을 이어 가자.

제2장

개념적 기초: 시간과 생애과정 다시 생각하기

들어가며

질적 종단연구가 시간이라는 요소를 풍부하게 포함하고 있다고 하지만, 실제로 그 양상은 어떠할까? 이 장에서 다루고자 하는 주제가 바로 이것이다. 지금부터 질적 종단연구의 개념적 기초를 탐구하기 위해 여러분을 시간에 대한 짧은 여행으로 초대한다. 여기서는 시간을 개념화하는 두 가지 주요 방식을 제시하고자 한다. 하나는 시계와 달력의 영역인 고정된 **선형적**(fixed, linear) **시간**이고, 다른 하나는 **유동적이며 다차원적**(fluid, multidimensional) **시간**, 즉 사유와 결합한 시간성(temporality)의 영역이다. 시간을 연구하는 분야에서는 대체로 이러한 구분을 받아들이고 있다. 이는 또한 시간을 실감 나게 표현하는 일상의 은유에도 나타나고 있다. 한편, 인생 여정(life journeys), 통로(pathways), 전환(transitions), 경로(passages) 등의 공간적 비유는 삶이 시간의 흐름대로, 즉 시계열적으로 전개된다는 것을 암시하면서, 여행의 목적과 방향을 담고 있다.[1] 다른 한편, 파도(streams), 흐름(flows), 낙하(drops), 물결(ripples) 등의 이미지는 시간의 영속적인 움직임과 유동성을 잘 포착한다. 또한 광대하면서도 끊임없이 움직인다는 측면에서 시간은 바다에 비유되기도 한다(Saldana, 2003: 5).

질적 종단연구의 설계와 실행을 위해서는 필수적으로 **고정적**(fixed) **시간**과 **유동적**(fluid) **시간** 모두를 고려해야 한다. 질적 종단연구에서 시간은 방법론적 전략 그 이상의 존재이다. 이는 시간 자체가 매우 중요한 요소인 것은 물론, 질적 종단연구가 시간이 흘러가는 가운데 수행되기 때문이다. 이러한 유동적 차원 때문에 시간은 질적 종단 데이터를 생성하고 분석할 수 있도록 하는 풍성한 이론적 범주이자 탐구 주제로 이해될 수 있다. 여기서 초점이 되는 것은 수단으로서의 시간이 아닌 주제로서의 시간 개념이다. 이 장에서는 시간을 위치 지우는 다섯 가지 방식을 탐색한 후 **생애과정**(life course)의 시간적 차원과 그 개념적 구성요소를 살펴보고자 한다. 이러한 논의를 통해서 풍부한 이론적 범주로서의 시간이 경험적 연구에 어떻게 반영됨으로써 연구를 풍부하게 만들 수 있는지를 탐구하고자 한다.[2]

---

1) 공간적 은유의 사용은 일관성과 정돈된 순서를 의미하는 것으로 받아들여서는 안 됨. 이러한 여정은 오히려 Odysseus와 세계의 위대한 문학, 구술된 전통, 예술 및 음악을 통해 나타나는 다른 상징적인 여행자들의 여정과 유사할 수 있음.

2) 이 장에서의 논의는 Neale(2015)에서 처음 소개된 주제를 설명하고 발전시킨 것임.

시간, 다시 생각하기

언뜻 보면, 시간 속에서 삶을 연구한다는 것은 자명하고 단순해 보인다. 마치 관찰할 수 있는 변화를 기록하고 그다음에 무슨 일이 일어나는지 식별하면서 변화하는 연대기적 모습을 만드는 것처럼 말이다. 이 접근법은 시간을 시계와 달력에 연결된 경험적 · 선형적 구성요소로 이해하는 전통적인 방식에 기반을 둔다. 하지만 삶은 반드시 연대순으로, 분명한 단계를 거쳐, 일관된 방향이나 일정한 속도로 전개되는 것은 아니다. 또한 사람들은 이처럼 선형적인 방식으로 시간을 경험하지도 않는다(Kelly & McGrath, 1988: 55; Strauss, 1959/1997: 93). 시간은 경험을 만들지만, 반대로 살아 있는 경험을 통해 재구성되는, 비선형적이며 다차원적인 사회적 구성물로 인식될 수 있다. 이러한 아이디어는 결코 새로운 것이 아니며, 수십 년 동안 수많은 사회-역사적 이론, 시간에 대한 이론 등을 통해 발전되어 왔는데(예: Mannheim, 1927/1952), 이 책에서의 논의는 주로 Adam(1990)의 연구에 바탕을 둔다.

Adam(1990)은 Aristotle가 비인격적이고 원자적인 시간(크로노스, chronos)과 유동적이면서 가치가 담긴 시간(카이로스, kairos)을 구별하는 것과 유사한 방식으로, '고정된' 시간과 '유동적' 시간 사이에 근본적인 차이가 있다고 본다(Chaplin, 2002). 그녀는 대체로 사회과학적이고 상식적인 시간에 대한 가정들(assumptions)이 시계와 달력에 반영되어 있다고 설명한다. 이때 시간은 객관적이고 측정할 수 있으며, 끊임없이 규칙적으로 반복되는 운동으로서 숫자로 표현된다. 이런 시간 개념 아래에서 삶의 속성은 연대기적이면서 선형적인 것으로 인식된다. 그리고 삶을 이루는 시간은 정확하고 규칙적이며 반복되는 움직임으로서 숫자로 표시할 수 있기에 객관적이고 측정할 수 있는 양적 개념으로 인식된다. 하지만 역설적이게도, '고정된' 시간은 서로 얽혀 있는 두 차원을 가지고 있다. 멈출 수 없이 전진하고 되돌릴 수 없는 측면과(마치 바다로 흐르는 강처럼) 동시에 반복적인 주기(영속적인 시간의 수레바퀴)로 나타나는 측면이 있다. 과거와 미래는 시계의 진행 때문에 구분되기도 하지만, 동일한 것으로 간주되기도 한다. 이러한 공식에서 시간은 우리의 삶을 측정하고 계획하고 조직하고 규제하는 외부의 구조를 제공한다. 여기서 시간이란 사람들이 균일한 방식으로 경험하는 것으로 가정된다. 이 과정에서 시간은 자원, 상품, 권력 그리고 통제의 장소가 된다. 따라서 삶이 진행되는 것은 '시계 시간(clock time)' 개념 아래에서고, 사건이 발생하는 것은 '시간 속'에서가 된다. 왜냐하면 시간은 외부에 존재하는 것으로 간주되기 때문이다. 이때 시간은 삶이 이루어지는 배경으로서 당연한 것이며, 삶이 진행되고 사건이 펼쳐지는 매체로서 변함없이 이어지는 존재가 된다.

시간에 대한 이러한 관점은 최근 서구 산업사회라는 맥락 속에서 사회적으로 구성된 것이지만, 이미 광범위하게 확산되고 세계적인 의미를 갖게 되어 그 관점을 넘어서거나 그 밖의 관점에 대해서 생각하기 어려워졌다. 시간이라는 개념은 시계의 메커니즘에 광범위하게 구현되어 있어서, 마치 시계가 곧 시간인 것처럼 인식되어 버렸다. 하지만 이러한 시간 모형을 뒷받침하는 과학적 설명과 논리

(뉴턴 물리학)는 시대에 뒤처진 것이다. Adam은 그보다 발전한 최근 과학 이론들(상대성 이론, 양자 물리학, 카오스 이론, 생태학)을 활용하여 **시계 시간**을 다시 생각하고 이를 초월할 수 있는 강력한 방법을 제안한다. 시간에 대한 상식적인 개념을 뒤집어 시간 속의 사건이 아니라 '사건 속의 시간'을 고려하게 한다. 이 유동적 시간성의 영역에서 시간은 변화무쌍하다는 특성을 가진다. 이때 시간은 고정되어 있지 않고 끊임없이 흘러간다. 다양한 지역적 맥락에서 율동적이면서도 부단하게 새로운 모습으로, 다차원적인 방식으로 출현한다. 객관적이고, 불변하며, 일차원적인 시계 시간은 서로 복잡하고 예측할 수 없는 방식으로 흘러들고 교차하면서 공존하는 다수의 시간에 자리를 내어 주게 된다. 이런 개념에서 과거와 미래는 더 이상 연대순으로, 선형적으로 진행되는 별개의 상태가 아니라 서로 흘러드는 과정이다. 이는 곧 우리의 과거에 대한 이해가 미래만큼이나 고정되어 있지 않다는 것을 시사한다. 이러한 '유동적 시간'은 우리의 일상생활 가운데 내재해 있다. 우리가 겪는 사회적 사건과 실천에서 발생하고 유래하기에 구체적이고 주관적이며 맥락 의존적이다. 이러한 복잡성과 유동성 속에서, 사회적 실천과 사건은 시간 속에서 일어나는 것이 아니라 시간 자체를 구성한다. 시간은 곧 우리의 창작물이 된다.

이러한 방식으로 시간을 바라볼 때 변화와 인과 관계에 대한 우리의 이해도 달라진다. 시계 시간에서 우리의 초점은 한 시점에서 다음 시점까지 무슨 일이 일어나는지에 맞춰져 있다. 변화는 도구적이고, 구체적이며, 선형적인 과정으로 인식되기에 이를 연구한다는 것은 연대순으로 과정과 사건을 기록하고 문서화하는 경험적 문제가 된다. 마찬가지로 인과 관계는 과거에서 현재, 그리고 미래로 이어지는 선형적이고 규칙적인 진행 속에 함축되어 있으며, 원인과 결과는 이 연대기적 의미와 밀접하게 연결되어 있다.

그러나 변화와 인과 관계는 유동적 방식으로도 이해될 수 있다. 즉, 경험의 세계에 녹아 있고 삶의 모든 과정에 스며 있는 현상으로서 주관적으로 정의되는 것으로 이해되는 것이다. 이러한 관점에서 보면, 인과 관계는 복잡하기에 예측이라는 것이 불가능하다. 이러한 인과 관계는 역으로, 현재의 관점에서 과거를 돌아보고 삶의 역사를 재구성함으로써 가장 잘 파악될 수 있다(Andrews, 2008; Laub & Sampson, 2003). 또한 이렇게 할 때 과거의 사건을 미래의 결과와 연결하여 하나의 단순한 방식으로 설명하는 것보다 더 강력한 설명 방식을 제공할 수 있다. 인과 관계는 분명한 하나의 순간이나 사건으로 추적될 수 없다. 다양한 사건이나 경험이 축적되고 복잡하게 구성되면서 의미가 만들어지는 것이다(Pettigrew, 1995; Saldana, 2003: 8-12). 인과 관계는 시간과 장소의 맥락에서 나타나기 때문에, 삶의 과정에서 변화가 일어나는 다양한 생성 메커니즘에 대해 고려할 필요가 있다(이 주제는 뒷부분에서 추가로 다룰 예정이다).[3] 이러한 역동적인 과정들은 이들이 내재한 사회적 실천과 전개되는 맥락 안에서 나타나고 그로부터 의미를 얻는다(Saldana, 2003). Adam은 '고정된 시간'과 '유동적 시간'을 대비하면서, 이것이 배타적인 선택지가 아

3) 인과 관계에 대한 상세한 논의와 질적 연구에서의 활용은 이 책의 범위를 벗어남. 다양하고 통찰력 있는 논의는 Abbott(2001) 및 Elliott(2005) 참조.

니라는 것을 강조한다. 둘 다 매일매일을 살아가는 우리에게 영향을 주는 경험적 현실로서 고려되어야 하는 것이다. 그럼에도 불구하고, Adam이 제시하는 것처럼 시간에 대하여 보다 포괄적이고 유동적인 관점을 갖게 되면 시계 시간과 같은 좁고 단순한 관점은 힘을 잃고, 그저 우리의 시간 세계를 구성하는 복잡한 흐름 중 하나로 남게 될 뿐이다. 이렇게 될 때, 중요한 과제는 전체적인 관점에서 시간의 흐름과 리듬을 발견하고 조사하는 것이며, 더 중요한 것은 그 안에 내재한 연결망을 탐구하여 그것들이 어떻게 서로 관련되는지를 알아내는 것이다.

Adam의 업적은 광범위하다. 그는 시간적 존재의 특성이 무엇인지, 그리고 시간이란 과연 무엇인지에 대한 대안적 관점을 개발했다. 그의 작업 이후 30여 년 동안, 경험적 사회과학 분야에서는 이러한 통찰력을 조금씩 받아들여 왔다. 그러나 양적 연구 분야에서는 여전히 삶의 과정을 이해하고 종단연구를 수행하는 데 있어서 시계 시간을 활용하는 것이 지배적이다. 이러한 연구들에서 시간은 자명한 것으로서 관찰할 수 있는 것으로 간주한다. 시간은 연구를 수행하는 매개이면서 비교를 위한 기반으로써, **'달력 시간'**을 만들어 활용하는 비교적 단순한 방식을 통해서 한 단계에서 다음 단계로 나아가는 연대기적 그림을 만들어 낸다. 실제로 이러한 전략은 모든 종단연구에서 사용된다. 하지만 질적 종단연구에서는 여기에 더해 유동적 시간, 즉 인간 경험에서 나타나는 복잡한 시간 흐름에도 초점을 둔다. 풍부한 이론적 · 사회적 구성물로서의 시간이 하나의 탐구 주제가 되면서 연구 질문을 구성하게 하고 질적 종단 데이터의 내용과 분석을 풍부하게 한다.

보는 사람에 따라 달라지는 시간 풍경: 시간의 흐름

시간 이론가들은 시간을 다양한 방식으로 분류한다[예를 들어, Nowotny(1994)와 Flaherty(2011)가 구분한 지속 기간, 빈도, 순서, 타이밍 등 다양한 시간의 흐름 참조]. 다음에서는 시간을 다섯 개의 교차하는 축으로 설명해 보고자 한다. 이러한 축들은 침투성이 있어서 서로 간에 흘러들어 가지만, 여기서는 시간 이론과 연구 실행 사이의 접점을 명확히 하고 경험적 조사의 기반을 제공하기 위해 구분해서 설명한다.

- **전망–회고**(prospective–retrospective): 앞을 내다보고 뒤를 돌아보기
- **집중–확장**(intensive–extensive): 시간의 프레임과 템포
- **미시–거시**(micro–macro): 시간의 척도
- **시간–공간**(time–space): 시간의 공간적 차원
- **연속–불연속**(continuous–discontinuous): 시간의 동기성

이러한 시간의 축 또는 흐름은 연구 및 분석을 풍부하게 하는 주제로서 이론적 가치가 있으며, 연구 설계에 도움을 주기 때문에 방법론적 가치도 있다. 이어지는 절에서는 이들의 이론적 잠재성에 초점을 두고 설명하고자 한다.

전망-회고: 앞을 내다보고 뒤를 돌아보기

이 시간 축은 삶의 역동적인 전개와 우리가 시간에 적응하는 방식을 이해하는 기반이 된다. 제1장과 제3장에서 살펴본 것처럼, 앞을 내다보는 **전망적 시각**과 뒤를 돌아보는 **회고적 시각**은 질적 종단연구 설계 시 결합할 수 있는 기본적인 접근 방법이다. 이 절에서는 이러한 과정의 이론적 차원에 관심을 둔다.

고정된 시간 개념을 따르게 되면 우리는 과거-현재-미래의 연대기, 즉 한 방향으로 질서 정연하게 진행되는 선형적 구성에 주의를 기울이게 된다. 이는 사람들의 인생 여정, 그 과정에서의 특이한 일과 유리한 점, 그들이 어디에서 왔고, 어디로 향하고 있는지(이동 방향과 사건의 순서), 그리고 무엇이 그들을 앞으로 나아가게 하거나 멈추게 하는지를 고려하도록 한다. 이는 생애사적 인터뷰에서 일반적으로 사용되는 기본 틀이다(제5장 참고).

하지만 **유동적 시간성** 영역에서는 과거, 현재, 미래 사이의 관계가 훨씬 복잡해진다. 사람들은 끊임없이 변화하는 현재를 바라보는 시간을 바꾸어 가면서, 즉 되돌아보거나 전망하면서 자신의 생애사를 다시 쓴다. 그리고 광범위한 사회 구조적 힘을 재해석하면서 연대기와 사건의 질서 정연한 순서를 깨뜨린다. Saldana(2003: 7; Jean-Luc Godard에서 재인용)는 "이야기는 시작, 중간, 끝이 있어야 하지만 반드시 그 순서대로일 필요는 없다."라고 했다. 더욱이 과거, 현재, 미래는 어느 한순간에 동시에 존재하면서 상호작용하며, 이를 바라보는 시간적 시점이 과거와 현재, 그리고 미래 등으로 바뀌면서 지속적으로 구성되고 재구성된다. 이들은 서로 끊임없이 대화하는 연동된 시간의 흐름으로 나타난다(Hardgrove, Rootham, & McDowell, 2015). 개인이 유동적 시간의 흐름을 통해 자신의 생애사를 어떻게 구성하는지 이해하는 것은 고정된 연대순을 통한 변화를 이해하는 것만큼 중요하다.

> 우리가 청중으로서 귀 기울이는 이야기뿐만 아니라 우리 자신에 대해 하는 이야기도 언제나 요동치는 바닥 위에 닻을 내리고 있다. 우리는 일어난 일들의 의미를 찾으면서 끊임없이 과거를 다시 쓴다. 이는 우리 자신의 삶의 이야기뿐만 아니라 다른 사람들의 삶 이야기에도 마찬가지로 적용된다. 이러한 사건 재해석 과정은 우리 삶 전반에 걸쳐서 진행된다. 과거의 어떤 이야기는 우리가 누구인지뿐만 아니라, 어떤 사람이 되고 싶어 하는지에 따라서 그 중요성이 커지거나 의미가 없어지기도 한다(Andrews, 2008: 94).

> 과거에 대한 모든 이야기는 과거에 말해진 것이기도 하지만 현재에 관한 것이기도 하며 미래에 관한 것이기도 하다. 이는 인간 삶 자체의 시간 구조와 흡사하다. 삶을 이해하는 것은 과거, 현재, 미래의 지속적인 진동을 이해하는 것이다(Brockmeier, 2000; Andrews, 2008: 94에서 재인용).

질적 연구자들이 연구 참여자와 만날 때마다 과거와 미래를 다시 살펴보는 것은 이러한 변화하는 과정을 이해할 수 있는 좋은 방법이다[제5장 반복적 인터뷰(recursive interviewing) 참조]. 이 과정은 연대기적 변화뿐 아니라, 서사적 변화, 인식의 변화, 삶에 대한 표현의 변화를 살펴볼 수 있도록 해 준다(Lewis, 2007). 질적 방법으로 수행된 Neale과 Flowerdew(2007: 37)의 연구와 Andres(2008: 87)의 연구에서는 어린 자녀인 Helen과 은퇴 연령의 여성인 Elizabeth가 어떻게 자신의 과거 생활을 새로운 시각으로 이해하게 되었는지, 설득력 있는 설명 방식을 제공한다. 이러한 증거들은 Kierkegaard(1843)의 유명한 관찰 결과를 뒷받침하며, 인생은 시간의 흐름에 따라 앞으로 살아가야 하지만 뒤돌아볼 때 비로소 이해할 수 있음을 의미한다(Andrews, 2008에서 재인용). 통찰력, 기억, 전통, 유산, 명성 등으로 여겨지는 과거는 앞으로의 삶을 계획하고, 지속적으로 사회적 정체성을 구축하며 도덕적 삶을 형성하는 데 있어서 중요한 역할을 하는 강력한 주관적 자원이 된다(Freeman, 2010).

한편, 미래는 연구에서 소홀히 여기는 영역이지만, 매일의 현실에 내재하면서 현재를 만드는 것이다. 그리고 열망의 본질과 변화의 씨앗을 드러내는 잠재력을 가진다(Adam & Groves, 2007). 예를 들어, 사람들이 어느 정도까지 삶을 계획하는지['선택' 생애사('choice' biographies)의 개념], 또는 먼 미래를 생각하고 계획하는 능력을 묻어 두고 현재에만 집중하여 사는지는 중요한 연구 주제이다(Nowotny, 1994). Brannen과 Nilsen(2002)은 젊은이들이 미래에 대해 세 가지의 다른 방식으로 방향을 설정한다고 본다. 미래를 멀리 두면서 유지하는 **유예형**(deferment), 예기치 못한 상황에 대응하면서 미래를 만들어 가는 **적응형**(adaptability), 그리고 시간을 극복하면서 확실성과 안전성을 확보하기 위해 애쓰는 **예측형**(predictability)이다. 이러한 개념들은 청년기 전환에 대한 연구들에 이론적 기반을 제공했다(예를 들어, Henderson et al., 2007 참조).

상상하는 미래는 생애사적 연구에서 중요한 주제이다(제5장에서 자세히 설명). 예를 들어, Krings와 동료들(2013)은 연구 참여자들이 2010년에 미래를 바라보는 시각이 연구의 시작점이었던 2008년과 크게 달라졌다는 점을 발견했다. 일반적으로 사람들은 그 순간에 자신의 인생 여정 중 어느 지점에 있는지에 따라서 미래 이야기를 다르게 한다. 미래에 대해 어떤 이야기를 하든 실제 미래 예측력이나 인과적 영향력은 거의 또는 전혀 없는 편이다(Elliott, 2010b; Hardgrove, Rootham, & McDowell, 2015; Sanders & Munford, 2008). 하지만 미래에 대한 이야기는 동기를 부여하는 힘을 가질 수 있다. 즉, 가능한 미래에서의 자기 자신을 그리면서 이처럼 되겠다는 생각으로 내적 생애사적(inner biographical) 성향을 형성하고, 발전시키며 강화할 수 있다(Strauss, 1959/1997; Hardgrove, Rootham, & McDowell, 2015; Worth, 2009). 사람들이 미래를 지향하는 방식이 그들이 택하는 길에 영향을 미칠 수 있다는 사실은 논쟁의 여지가 없다. 왜냐하면 사람들이 미래의 열망을 상상할 수 있는 능력이 없다면 그것을 향해 노력할 수도 없기 때문이다(Hardgrove, Rootham, & McDowell, 2015; Worth, 2009). 이러한 방식으로 상상하는 미래를 그려 보는 것은 변화의 촉발점(trigger point)이 될 수 있다(다음과 제5장에서 더 자세히 논의).

> 청소년들에게는 과거를 되돌아보고 미래를 내다보면서 생각해 보겠다는 요구가 있으며, 그렇게 할 기회가 있다. 한 관점에서 다른 관점으로 빠르게 옮겨 다니며 비교하고 예측하고 후회하고 다시 해결하며 미래를 계획하지만, 현재와의 연속성은 유지하는 것이다. 이는 곧 지금까지 있었던 일을 최대한 활용하고, 미래를 최선의 것으로 만들기 위해 노력하는 것이다(Veness, 1962: 2).

집중-확장: 시간의 프레임과 템포

제1장에서 살펴본 것처럼, 이 시간 축은 질적 종단연구방법론의 핵심이다. 이는 연구의 **시간 프레임**(전체 기간)과 현장 방문의 **템포**(방문 횟수, 길이, 빈도)를 정한다. 하지만 이 시간 축은 방법이라는 점을 넘어서서 풍부한 이론적 잠재력도 가지고 있다.

시간 프레임과 템포는 삶의 과정에서 경험의 차원을 밝힐 수 있는 가능성을 풍부하게 제공한다. 즉, 변화의 격렬함, 만성성(chronicity), 그리고 시간이 그 순간에 집중적으로 인식되는지 아니면 장기적 지평에 걸쳐 광범위하게 인식되는지를 밝힐 수 있게 해준다. 예를 들어, 개인들은 삶의 전개 과정에서 변화와 연속성 사이를 오가면서 때로는 행동하고 때로는 가만히 있기를 반복하게 된다. 그러는 가운데 생애 단계를 변화하는 것으로도, 변치 않는 것으로도, 일시적인 것으로도, 영속적인 것으로도 인식할 수 있다. 고난을 견디거나 관계를 유지하는 일, 적합한 때를 기다리는 방법 등은 이 시간 축의 또 다른 중요한 차원이다. 예컨대, Alheit(1994)는 삶의 과정에서 서로 대비되는 두 가지 시간의 지평을 구별했다. 첫 번째는 반복되기도 하고 즉흥적이기도 한 순환적 하루하루의 시간이다. 두 번째는 선형적이고 순차적인 방식으로, 회고적으로 구성되는 장기적인 삶의 시간이다. 개인들이 어떻게 이러한 서로 다른 시간의 지평을 조화시켜 자신의 삶을 이해하는지에 대해 이해하는 것은 중요한 탐구 영역이다.

시간의 템포와 밀접하게 연결되어 있는 것이 바로 **속도**이다. 이는 리듬, 반복, 시간이 흐르는 속도로서 시간이 느려지거나 빨라지는 것에 대한 우리의 경험을 말한다. 시간의 속도는 다양한 방식으로 드러난다. 예를 들어, 어린 시절이나 노년기는 젊은 시절이나 성인 시절보다 훨씬 느린 속도로 인식된다. 이와 유사하게, 변화의 속도와 갑작스러움, 그리고 여러 변화가 빠르게 연속적으로 일어나는지 여부는 실제 경험의 중요한 차원이며, 이를 통해 변화 과정이 어떻게 관리되는지 이해할 수 있다(Flowerdew & Neale, 2003). 마지막 예로서, 지난 수십 년 동안 시간 사용 및 일-생활의 균형에 관한 질적·양적 연구가 활발히 이루어져 왔다. 산업사회에서 삶의 속도가 빨라지면서 더 규칙화되고 규제되며, 지나치게 격양되어 있다는 우려 때문이다(Crow & Heath, 2002; Gershuny, 2000; Rosa, 2013; Wajcman, 2015; Oxford Center for Time Use Research의 관련 연구들).

이 시간 축에 대한 연구는 종종 산업 시간(industrial time)[4]과 가

4) 시계의 엄격하고 비인격적인 속도. Aristotle의 크로노스가 이에 해당함.

족, 개인 또는 휴가 시간[5]을 구별한다(Hareven, 1982). 예를 들어, Chaplin(2002), Harden과 동료들(2012)은 가족들이 일상생활에서 이 두 가지의 대조되는 속도 사이를 어떻게 오가며 관리하는지 탐구했다. 그리고 Lemke(2000)는 우리가 미시적(시간이 순식간에 지나가고 번개 같은 속도로 움직이기 때문에 이해할 수 없는) 시간부터 거시적(시간이 무한하고 정지한 것처럼 보이기 때문에 이해할 수 없는) 시간까지 시간 지평의 전체 스펙트럼에 동시에 존재한다고 말했다. 전환점, 전환 및 궤적(이하에서 설명할 예정)의 다양한 지평이 이 웅장하고 광대한 구조 안에 포함되어 있다는 것이다.

미시-거시: 시간의 척도

시간 연구에서 이 시간 축의 핵심은 이미 제1장에서 확인한 바 있다. Riley(1998: 29)가 언급했듯이 '변화하는 삶은 사회 및 그 구조의 변화와 끊임없이 상호작용하며, 어느 한쪽도 다른 쪽 없이 개념적으로 이해될 수 없다.' 앞에서 우리는 시간적 시선이 미래 방향으로, 즉 앞으로 향할 수도 있고, 과거 방향으로, 즉 뒤로 향할 수도 있으며 그 두 방향을 왔다 갔다 할 수도 있다는 것을 확인했다. 마찬가지로, 미시-거시 축에서는 시간 렌즈의 초점을 조정하여 개인의 삶을 확대하여 세밀하게 들여다보거나 사회적 또는 역사적 과정에 대하여 마치 광학렌즈처럼 큰 틀에서 들여다볼 수 있다. 빠르게 늘어

5) 유동적이고 유연하며 지속적이고 가치가 담긴 시간. Aristotle의 카이로스가 이에 해당함.

나고 있는 생애과정 연구(life course studies)에서는 이러한 미시-거시 축에 초점을 두어 왔다. 펼쳐지는 생애사는 교육이나 복지를 제공하는 방식의 변화에서부터 강제 이주 및 정치 구조의 변화에 이르기까지 다양한 외부 환경의 맥락에서 탐구되었다(Holmberg, 2012; Patrick, 2017; Pollard & Filer, 1999; Scudder & Colson, 2002). 제1장에서 살펴본 바와 같이, 시간 연구자들이 **생애사**와 **역사** 사이의 접점을 탐구하는 데 기폭제가 되어 준 사람은 Mills(1959)였다. 그러나 그는 그러한 작업이 어떻게 수행될 수 있는지에 대해서는 거의 언급하지 않았기에, 후속 세대의 연구자들이 이 문제와 씨름하게 되었다(Giele & Elder 1998: 7; Shanahan & Macmillan, 2008: xii).

이 논의의 출발점으로 삼기에 유용한 관점은 생애사와 역사가 이원론적으로 볼 수 있는 별개의 영역이 아니라는 것이다. 둘은 역동적인 과정의 연속체이며, 그 연속체 안에는 가족, 조직, 공동체, 세대, 제도 등 집단적 삶의 **중시**(meso) **영역**이 존재한다. 중시 영역은 사회적 관계와 구조가 변화하는 영역으로서, 개인의 삶과 역사 사이를 연결하는 데 중요한 역할을 한다(Riley, 1998: 45). 단순히 미시(micro)와 거시(macro) 사이에 위치하는 것이 아니라, 사회적 경험과 실천이 서로 연결되고 상호 의존하는 '층위(level)'를 구성하기 때문이다(Riley, 1998: 45). Nielsen(2003: 1-2)은 이를 미묘하고 지속적인 상호작용이라고 묘사하면서, 일종의 삼투 현상과 유사한 과정을 통해 사회 변화를 일으키는 것이라고 설명했다. 같은 맥락에서, Bronfenbrenner(1993)의 인간 발달에 대한 생태학적 모델은 미시-거시 축에 걸쳐져 있으면서 상호 연결되어 영향을 주는 5개의 영역으로 구성되어 있다. 즉, 개인이 직접 속한 미시체계(micro systems), 가족, 학교, 친구 등과 같은 중시체계(meso systems), 부모의 직업이 자녀에게 미치는 영향과 같은 간접적 영향을 주는 외체계(exo systems), 국가 제도와 같은 거시체계(macro systems), 마지막으로 더 넓은 사회 환경의 변화나 지속성을 나타내는 우산과 같은 체계로서 시간체계(chrono systems)로 이루어져 있다. Bronfenbrenner(1993: 38)의 관점에서는 이러한 다양한 영역이 마치 러시아 인형(russian dolls)처럼 서로 중첩되어 있기에, 그는 연구 설계에서 이러한 영역들이 영향을 주고받는 것에 대한 탐구를 포함해야 한다고 제안한다.

Bronfenbrenner의 발달 생태계 모델은 시간에 따라 개인, 상호작용, 그리고 제도적 영역들이 서로 어떻게 영향을 미치는지, 또한 실제 경험이 정책 과정과 얼마나 밀접하게 연결되어 있는지를 이해해야 할 필요가 있는 다양한 정책 연구 영역에서 활용되어 왔다(Lewis, 2007; Molloy, Woodfield, & Bacon, 2002). 이 축을 가로지르는 연구를 수행하는 시간 연구자들은 개인, 가족, 산업 시간의 교차점(Hareven, 1982)이나 개인사적, 세대적, 그리고 역사적 시간(Holland & Edwards, 2014; Neale, Henwood, & Holland, 2012) 등 다양한 방식으로 연구의 틀을 만들어 탐구했다. 대체로 대규모 종단연구에서 이와 유사한 방식을 기반으로 한다. 이때는 연령 효과(개인적 과정), 코호트 효과(코호트 전체의 집단적 과정), 시대 효과(광범위한 역사적 과정)와 같은 양적 언어로 표현된다. Elder의 포괄적인 생애과정 패러다임(Elder, 1994; Elder & Giele, 2009) 역시 개인의 행위주체성(agency of individuals), 서로 연결된 삶 또는 다른 사람들과의 사회적 유대, 역사적 및 지리적 위치를 아우르면서 유사한 패턴을 따른다.

시간 렌즈의 초점을 조절하면, 미시-거시 영역을 더욱 자세히 볼 수 있고 그 안에 내재한 시간의 흐름도 더욱 명확하게 드러낼 수 있다. 예를 들어, 미시 영역에서는 개인 생애사의 '내적' 구성과 '외적' 구성을 모두 식별할 수 있다. '내적' 구성은 정체성의 사회-심리적 역동성에 대해서, 그리고 정신분석적 개인사를 구성하는 데 있어서 감정이 어디에 위치하는지에 대해서 통찰할 수 있게 해 준다(Du Plessis, 2017; Nielsen, 2003; Thomson, 2010a, 2012). Chodorow의 작업을 바탕으로 한 Nielsen(2003: 1-2)의 연구는 개인의 심리적 구성, 주관성과 동기의 형성을 역사적 현상으로 볼 수 있다고 하면서 감정적 현실, 문화적 구성, 그리고 역사적 맥락 사이, 즉 개인과 사회 간의 상호 의존적 역학에 대해 탐구할 것을 제안한다(Neilsen, 2003).

중시 영역 또한 가족, 친구 또는 취미 동호회와 같은 소규모 집단부터 거대한 기관 체계, 복합적인 정부 구조에 이르기까지 다양한 규모의 집단을 포함한다. 이러한 영역 안에서 사회 구조를 이루는 요소들이 돌봄, 지원, 의존, 연대, 분열, 권력, 불평등과 같은 인간 관계를 형성하고 재형성한다. 또한 역사 영역에서 사회 변화는 지역 및 세계 수준에서 모두 분명하게 나타난다. 이때 변화의 템포는 베를린 장벽 붕괴와 같이 급격하게 분수령이 되는 순간부터 노동 시장에서 여성의 위치 변화 또는 종교적 사회에서 세속적 사회로의 전환과 같은 점진적인 과정에 이르기까지 다양할 수 있다(Miller, 2000).

미시-거시 축의 전반에 걸친 연구가 가치 있다는 점은 의심의 여지가 없지만, 연구자들에게는 어려움이 있을 수 있다. 제한된 기간 안에서 이루어지는 질적 종단연구에 거시적인 역사적 시간을 도입하기 위해서는 방법론적으로 연구 설계, 사례 선정, 데이터 생성 등에 있어서 창의적 접근이 요구된다. 이에 대해서는 이후의 장에서 자세히 다루기로 한다. 더 시급하고 해결하기 어려운 과제는 삶의 전개 과정에서 미시·중시·거시 수준의 영향이 서로 어떻게 복합적으로 작용하는지, 그리고 각각의 영향력이 얼마나 큰지를 이론적으로 파악하는 것이다. 이는 과연 미시-거시 차원에서 삶을 형성하고 변화시키는 다중 요소를 설명할 수 있을지, 더 나아가 이미 얽혀 있는 각각의 요소를 분리해서 밝혀낼 수 있을지에 대하여 의문을 제기한다(Brannen, 2006: 150; Elliott, 2005: 110-111; Giele & Elder, 1998). 이 문제를 해결하기 위해서는 초점을 전환해야 한다. 단일하거나 결정적인 인과 관계를 설명할 수 있는 방식을 찾으려 하기보다는, 삶의 과정에서 변화가 일어나는 사회적 메커니즘과 역사적 과정의 조합에 대해서 이론적 뒷받침이 되는 '타당한 설명들'을 목표로 하는 것이 더 생산적일 수 있다(예를 들어, Winterton & Irwin, 2012 참조). 또한 이러한 설명들은 특정한 역사적 순간에 사회적·공간적 위치에서 생성되기 때문에 맥락에 따라 달라질 수 있으므로, 그 의미가 본질적으로 잠정적인 것이라는 점을 인식할 필요가 있다(Elliott, 2005: 111).

시공간: 시간의 공간적 차원

이 축은 시간의 **'언제(시간적 차원)'**와 **'어디(공간적 차원)'**를 반영한다. 즉, 사건과 경험의 의미와 중요성을 찾아 이해하는 수단으로서 시간과 공간이 본질적으로 연결되어 있다는 것에 관심을 갖는다. '시계 시간'이 공간과 무관해 보이는 반면, 추상적이며 '텅 빈 채' 흐르는 것 같은 시간도 사실은 실제 세계의 사건과 실천에 뿌리를 내리고 있다. 시간은 인간 삶의 다양한 공간적 배경, 즉 지리, 지형, 문화, 언어 등의 측면에서 모종의 특성을 가진 배경 속에서 나타나고 구체적으로 드러난다. May와 Thrift(2001: 3)는 다양하고 역동적인 시간은 "사회의 공간적 구성과 불가분의 관계를 맺고 있다(그리고 그 반대도 마찬가지이다)"라고 언급한다. 실제로 공간과 장소는 우리가 삶이 펼쳐지는 과정을 이해하는 데 있어서 핵심 요소이다. 사람이 태어나고 자라는 문화적 환경(빈민가에서 녹음이 우거진 교외까지)은 사람의 자아 인식과 타인과의 관계에 강하게 영향을 미친다(Compton-Lilly, 2017). 동시에, 단순하게 사는 지역만 바꾸는 것만으로도 사람들이 새로운 생활 패턴을 확립하고, 새로운 정체성을 형성하거나, 기존의 정체성을 벗어나는 데 크게 도움이 될 수 있다(Elder, 1994; Laub & Sampson, 1998).

최근 몇 년 동안 시간의 공간적 차원에 천착한 연구들에서 몇 가지 선구적인 흐름이 발견되었다. 지리적 역학이나 지리적 생애사 연구(geo-dynamic research 또는 geo-biographical research), 또는 위도적이거나 초국가적 문화기술지(latitudinal ethnography 또는 transnational ethnography)가 이에 해당한다(Barnard, 2012; Falola, 2015; Lee, 2015; Schmidt-Thome, 2015). Barnard(2012)는 '위도적' 접근 방식을 취하며, 보츠와나(Botswana)의 나로족(Naro)에 대한 종단적 문화기술지를 공간적으로 확장하여 아프리카 남부 여러 지역에 거주하는 수렵 채집 집단까지 포괄한 연구를 진행했다. 그는 공간적 비교를 통해 수렵 채집 문화 변화에 끼친 역사적 영향력을 보다 명확하게 파악할 수 있었다(Howell, 2012). 또 다른 예로 Lee(2015)는 어린 시절 대부분을 뉴질랜드에서 보낸 한국 이민 청년들의 이동 경로를 추적하여 그들이 고국으로 돌아가는 과정을 조사했다. 이후 그는 다시 뉴질랜드로 돌아온 사람들도 추적했다. 그는 예측 추적, 문화기술지 기법, 생애사 인터뷰 등을 혼합하여 사용함으로써 두 문화 사이에 걸쳐 생활하는 사람들의 초국적 정체성과 소속감이 어떻게 형성되는지를 밝힐 수 있었다.

특정 장소를 시간 속에 위치시키면 어떻게 시간이 풍경에 새겨지는지를 식별할 수 있다. 이 현상은 집중적인 템포로도, 광범위한 템포로도 발생할 수 있다. 예를 들어, Back(2007)은 그의 지리-시간적(geo-temporal) 연구에서 도시 풍경이 주간부터 야간으로 변화하는 과정을 조사하면서 이 변화가 주민들의 안전감, 보호, 권력 및 위험에 대한 인식에 미치는 실질적인 영향을 탐구했다. 이 연구는 하루 동안 시간이 흐르면서 공간에 대한 경험이 다양하게 만들어진다는 것을 보여 주었다. 한편, 공간적 변화로 인해서도 시간에 대한 다양한 경험이 만들어질 수 있다(Chaplin, 2002; May & Thrift, 2001: 3). 예를 들어, Shaw(2001)는 대량 관찰 기록물들과 다른 문서 자료들을 활용하여 사회적 시간의 강도와 속도가 문화 간, 그리고 문화 내의 서로 다른 공간(도시/농촌, 산업도시/소도시 생활)에서 어떻게 달라지는지 조사했다. 그 결과, 일, 휴식, 식사 및 기타 일상생활에 할당되는 시간의 양이 현저하게 다르다는 것을 발견했다. 시간을 지키는 것도 문화에 따라 차이가 있다. 독일과 같이 시계와 달력을 엄격하게 준수하는 문화도 있고, 핀란드, 브라질, 그리고 지구 남반구 대부분 지역과 같이 몇 시간, 때로는 며칠에 걸쳐 사람들이 모일 정도로 여유로운 접근 방식을 보이는 문화도 있다. 이러한 '느린' 장소에서 시간은 더 탄력적이고 관대하다. 그래서 '자신을 위해 시간 쓰기'나 '항상 무엇인가를 하기'보다 '그저 가만히 있기'에 더 높은 가치를 부여한다. 시공간은 삶의 경험과 과정에서 널리 존재하면서, 지리적 생애사, 시간 지리학, 이주 및 재정착 연구, 그리고 '리미널'(liminal, 중간 또는 경계) 공간 연구와 같은 특별한 탐구 기회를 제공하여, 우리가 시간에 대하여 색다르게 이해할 수 있는 기회를 제공한다(Hockey & James, 2003; Zerubavel, 1981).

연속–불연속: 시간의 동기성

이 시간 축은 Aristotle에 의해 처음 구분된 것으로서 그의 **크로노스**(chronos, 고정된) **시간과 카이로스**(kairos, 유동적) **시간**을 구분하는 핵심 요소이다(Bastian, 2014). 앞에서 설명한 모든 시간의 축과 흐름에 대하여 '동기성(synchronicities)'과 관련된 질문이 제기될 수 있다.

즉, 개인의 과거–현재–미래, 개인적 시간과 사회적 시간, 개별 세대를 잇는 시간과 역사적 시간, 짧은 시간과 긴 시간, 빠른 속도와 느린 속도, 개인사적 연속성과 변화 사이를 어떻게 왔다 갔다 할 수 있는지 질문을 제기하는 것이다. 이는 사람들이 서로 다른 시간성 사이에서 어떻게 균형을 맞추고, 시간을 조화시키거나 동기화하는지 고찰하게 한다. 이러한 시간적 진동을 탐구하는 데는 여러 가지 방법이 있다. 예를 들어, Elder(1974)는 대규모 종단연구에서 역사적 재앙(1930년대 대공황)이 다양한 아동 · 청소년 집단의 삶의 기회에 미치는 영향을 조사했다. 그는 10대 청소년 시절 대공황을 겪은 사람들이 그들보다 어리고 의존적인 아동기에 이 사건을 경험한 사람들보다 회복력이 더 강하다는 것을 발견했다. 이들의 근본적인 차이는 그들의 삶의 전개 과정 중 어느 시기에 이 역사적 사건을 경험했는가에서 기인한 것이다. Elder의 연구 결과로 인해 역사적 사건이 어떻게 생애과정과 동기화되는지에 대하여 사회적 관심이 높아지게 되었다.

또한 연구자들은 범위를 조금 더 좁혀서, 개인의 생애 안에서 생애 사건들이 일어난 시기로서 타이밍을 탐구했다. 예를 들어, 사회적으로 '적절한 출산 연령'이라고 공유되는 인식에 동의하지 않는 사람들은 부모가 되는 전환을 맞이하기 어려울 수 있다(Neale, 2016; Shirani & Henwood, 2011). 마찬가지로 개인의 삶과 '주류(mainstream)' 관행 및 경험 사이에 차이가 있을 수 있다는 점은 지금까지 사람들이 시간의 흐름에 따라 자신의 가치, 내러티브 및 습관을 어떻게 재조정하거나 사회와 조화시켜 왔는지에 대해서 관심을 불러일으켰다. 예를 들어, 범죄 또는 중독에 연루되거나 사회적 낙인이 찍힌 채 살아가는 사람들에 대한 연구들에서는 그들이 어떻게 하위 문화적 가치와 주류 가치 및 관행 사이를 오갔는지 탐구했다. 이러한 연구들에서는 사람들이 일반적인 경로 및 관행과 다를 수 있는 삶을 어떻게 관리하고 조화시키는지, 그리고 어떤 요인들이 사람들을 기존의 길에서 다른 길로 인도했는지에 대한 흥미로운 통찰을 보여 주었다[예를 들어, Plumridge & Thomson(2003)의 「매춘 여성 사례 연구(The Case Study of a Prostitute)」, Lopez-Aguado(2012)의 「거리 갱단 개입 프로그램에 대한 연구(The Study of a Street-gang Intervention Programme)」 참조].

개인적인 삶과 주류 사회 사이의 단절은, 예컨대 노동 환경의 변화, 이주, 부모되기, 퇴직 또는 실직 등 매우 다양한 방식을 통해 일어날 수 있다. 마치 익숙하지 않은 길을 지나치게 빠른 속도로 행군하고 있거나 체계가 덜 잡힌 사회에서 답답하여 불편함을 느끼는 것과 같이, 사람들은 템포가 바뀌면 어쩔 줄 몰라 하는 자신을 발견하면서 혼란스러운 감정을 느낄 수 있다(May & Thrift, 2001; Shaw, 2001). '**시간을 벗어나**(out of time)' 사는 것은 일시적인 것일 수도 있고, 압박감이나 도전적인 삶으로부터의 '휴가(time out)'로서 매우 소중하게 여겨질 수도 있다[Baraitser(2013)의 「가족 '혼란' 시간 연구(Exploration of Family 'Mush' Time)」 참조]. 하지만 이것이 계획하지 않았거나 원치 않았던 전환과 관련된 경우, 삶의 궤적과 미래의 건강 및 복지에 심각한 영향을 줄 수 있다.

인생의 어려운 고비(배우자 사망, 질병, 실직, 강제 이주 등)를 넘어

가고 있는 사람들에게 시간은 줄어든 것처럼 느껴질 수 있다. 이는 방향감을 상실했거나 주류 사회로부터 이탈되었다는 느낌을 주어 과거로부터 미래로 이어지는 원활한 삶의 흐름을 깰 수 있다(Bury, 1982; Lovgren, Hamberg, & Tishelman, 2010). 일반적으로 사람들은 "하루하루를 있는 그대로 받아들인다."라거나 "순간을 살아간다."라고 말한다. 반면, '시간 밖에서(out of time)' 사는 것은 시간의 지평이 단축되었다는 것을 의미한다. 이는 시간이 덧없고 일시적인 것이라고 느끼게 하여 사람들이 '미래를 계획하는 것은 불가능하다'라고 생각하게 하고 위험한 행동으로 인도할 수 있다. 예를 들어, Dearden과 동료들(2010)은 빈곤의 재정적 영향에 대한 질적 종단연구에서 사람들이 막대한 빚을 지는 과정에서 경솔하게 행동했다는 것을 발견했다. 현재 순간의 생존에 대해 지나치게 몰두하게 되면 과거(건너온 다리를 태우는 행동)와 미래(위험한 행동, 열망 부족, 희망 상실)에 대해서 생각할 수 없게 된다. 이것이 바로 Van Gennep(1909/1960)이 「통과의례(The Rites of Passage)」 연구에서 언급한 리미널리티(liminality, 시간 밖의 시간, 이도 저도 아닌 사이)의 감각이다. 리미널리티 개념은 최근에 수행된 만성 또는 말기 질환, 빈곤, 감옥에서의 '시간 보내기', 전환기, 강제 이주, 노숙과 같은 사회 현상을 이해하기 위한 다양한 연구에서 활용되었다(예: Blows et al., 2012; Bryant, 2016; Kelly, 2008; Neumann, 2012; Szakolczai, 2012).

교차하는 시간 풍경

앞에서 설명한 다섯 가지 시간 축은 시간에 대한 이론적 이해가 어떻게 실증적인 연구로 연결될 수 있는지를 파악하는 데 잠정적인 기초를 제공한다. 이러한 축들은 명확하게 구분되거나 독립적인 것이 아니라 서로 교차하고 흘러간다. 예를 들어, 과거, 현재, 미래는 서로 다른 규모(개인사적 또는 역사적)로 이해될 수 있다. 공간적 맥락, 그리고 시간의 템포, 속도, 동기화에 대한 서로 다른 경험들을 통하기 때문이다. 이러한 축을 세분화하고, 그 너머로 연결을 파악할 수 있는 방법은 무한히 많다. Adam(1990)은 시간의 한 차원에 집중할 때 다른 차원을 놓치지 말아야 함을 강조한다. 더 큰 전체의 일부로서, 모든 국면은 삶이 전개되는 방식에 영향을 주기 때문이다.

시간과 생애과정

제1장에서 살펴보았듯이 생애과정 연구는 인간 삶의 흐름, 즉 다른 사람과는 다른 개별 삶의 기회와 경험, 그리고 생애사적 시간과 역사적 시간의 얽힘을 통한 역학 등 사람들이 생애 동안 어떤 위치에 있는지에 중점을 둔다. 개인의 생애사나 인생 여정에 대한 탐구는 '생애과정 연구(life course research)'의 핵심 구성요소이다(Chamberlayne, Bornat, & Wengraf, 2000). 연구 초점은 생애과정의 특정 '**단계**(예: 청년기, 노년기)'의 역동성 또는 이러한 단계 간 전환,

혹은 하나의 지위 또는 상황에서 다른 지위 또는 상황으로의 **전환**(예: 학교 진학 및 중퇴, 부모 역할 수행, 취업, 빈곤, 질병, 범죄) 등에 있을 수 있다. 장기적인 **궤적** 또한 중요하다. 그리고 변화를 보여 주거나 유발하는 메커니즘뿐만 아니라 생애과정 전환을 만드는 요인 또한 중요한 연구 주제이다. 예를 들어, 어린 시절과 성인기를 거쳐 노년기에 이르는 '연령' 궤적, 결혼과 부모 역할로 시작하여 조부모 역할까지 하게 되는 '가족' 궤적, 교육과 실업/고용을 거쳐 은퇴까지 이어지는 '일' 궤적 등이 이에 해당한다. 이러한 다양한 궤적의 얽힘과 그것들이 서로에게 미치는 영향 또한 주요 연구 영역이다. 이를 통해 수십 년에 걸친 삶의 긴 여정에서 나타나는 역사적 과정을 더욱 선명하게 드러낼 수 있으며, 초기 삶의 패턴이 후기 삶의 기회와 경험에 미치는 누적적인 영향을 보다 치밀하게 조사하여 이해할 수 있다(Elder, 1974; Giele & Elder, 1998).

생애과정을 인간 삶의 흐름 측면에서 이해하면, 또 다른 핵심적인 특징이 부각된다. 바로 생애과정은 본질적으로 시간의 흐름과 밀접하게 관련된 동적 과정이라는 점이다. 하지만 시간이 생애과정을 이해하고 연구하는 방식에 깊이 연관되어 있음에도 불구하고, 그동안 사람들은 시간적 차원에 대해서 상대적으로 거의 관심을 기울이지 않아 왔다. 실제로, 많은 종단적 연구와 생애과정 연구가 경험적으로 이루어져 왔지만 이론화는 부족했다(Reiter, Rogge, & Schoneck, 2011). 하지만 생애과정은 '고정된' 방식과 '유동적' 방식 모두로 이해될 수 있다. 이에 생애과정이 어떻게 인식되는지는 시간 자체가 어떻게 인식되는지에 의해 크게 좌우된다. '고정된' 시간의 관점에서 볼 때, 삶은 가족, 교육, 고용, 건강 등과 같은 제도와 관련하여 미리 정의된 여러 발달 단계를 예측 가능하게 통과하는 것으로 간주된다(Berthoud & Gershuny, 2000). 생애과정은 사회적으로 정의되고 제도적으로 규제되는 일련의 전환으로 개념화되는데, 이는 규범적 기대에 의해 강화된다(Heinz, 2009). 이때 시간에 대한 '고정된' 이해와 마찬가지로 생애과정은 보편적인 선형성을 가지고 있으며 연구대상인 사람들의 '외부'에 위치하여 객관성을 가지고 있다고 가정된다. 생애과정은 우리를 일정한 방향으로 데려가는 에스컬레이터에 비유되기도 한다(Glaser & Strauss, 1971; Riley, 1998).

이와 대조되는 접근 방식을 취하면 시간적 과정에 관하여 실제 삶에 기반을 둔 유동적인 이해를 함으로써 생애과정에 대해 유연한 관점을 가질 수 있다. 이는 생애과정이 생생한 경험, 주관성, 행위주체성, 그리고 개인과 그룹의 사회적 상호작용을 통해 사회적으로 구성된다는 전제에 기초한다(Harris, 1987; Holstein & Gubrium, 2000). 이 접근 방식은 모든 삶이 펼쳐지는 구조적 기회와 제약을 인식하면서, 삶의 여정이 다양하다는 것을 이해하고 개인들이 시간과 장소를 가로질러 이러한 여정을 다양한 방식으로 만들어 가는 것에 주목한다. Van Gennep(1909/1960) 이후, 사회 구성주의자들은 이러한 유동성을 연구에 반영했다(Neale, 2015). 일례로, Harris(1987: 27-28)는 생애과정을 '예측할 수 없게 변화하는 환경을 통과하는 협상(negotiation)'으로 정의한다. 이때 생애과정 자체는 고정된 실체와는 거리가 멀다. Hockey와 James가 관찰한 것처럼 '우리는 생애과정 자체의 형태 변화를 설명해야 한다. 변화하는 것은 개인뿐만 아니라 그들이 속해 있는 맥락이기도 하다.'(Hockey & James, 2003: 57) 이러한 유동성을 받아들이게 되면, 미리 정해진 시간에 발생하는, 선형적이고 질서 정연한 일련의 단계를 통해 연결되어 명확하게 구분되는 생애 시기나 단계가 있다는 생각에 의문을 품게 된다(Bynner, 2007; Grenier, 2012; Woodman & Wyn; 2013).

전환점, 전환 및 궤적에 대해 다시 생각하기

질적 연구자들과 생애과정 연구자들에게는 생애사가 정확히 어떻게 형성되는지, 그리고 이러한 절차의 일부로 작동하는 인과 메커니즘이 무엇인지가 중요한 질문이다. 생애과정 연구의 개념적 구성요소인 전환점, 전환 및 궤적은 이러한 질문을 해결하는 데 필수적인 도구이다. 많은 연구가 이러한 개념들의 의미와 정의에 대해 논쟁을 벌여 왔지만(Hackstaff, Kupferberg, & Negroni, 2012) 흥미롭게도 이러한 구성 개념들을 연결하거나 그 교차점을 파악하려고 시도한 것은 상대적으로 적다. 다음 논의에서는 이러한 구성요소들의 상호 연결된 특성을 명확히 하고, 그 유동적이고 과정적인 특징을 탐색한다.

전환점, 촉발점

여기서 '**전환점**(turning points)'이라는 개념은 변화의 메커니즘이나 촉발제 역할을 할 수 있는 중요한 사건, 결정적 순간, 상호작용 또는 깨달음 등을 포괄하는 큰 우산 같은 용어로 사용하고자 한다(Kupferberg, 2012: 227). 이러한 현상을 묘사하는 풍부한 은유들은 각기 미묘하게 다른 속성이 있으므로 신중하게 사용해야 한다(Carlsson, 2012; Clausen, 1995, 1998). 이러한 과정을 분별하기 위해서는 세밀한 질적 렌즈가 필요한데, 그렇기에 아마도 광대한 구조적 변화 과정을 다루는 연구에서는 종종 이러한 과정들을 생략할 수밖에 없을 것이다(Wingens & Reiter, 2011).

명칭에서 알 수 있듯이 전환점은 주로 도구적이고 선형적인 용어로서 하나의 상태에서 다른 상태로의 구체적인 변화를 의미하는 것으로 간주된다. 예를 들어, Elder(1985: 35)는 전환점을 '경로를 새롭게 지시'하는 것이라고 보았다. 최근에는 운명적이거나 결정적 순간, 즉 '개인의 운명에 매우 중대한 영향을 미치는' 생애과정의 한 지점으로 묘사되기도 했다(Giddens, 1991: 112; Holland & Thomson, 2009; Thomson et al., 2002). 확실히 이러한 현상들은 출생이나 사망의 순간과 같이 문자 그대로 삶의 중요한 사건이나 경험과 밀접하게 관련되어 있을 수 있다. 반대로 이러한 사건들은 예술적으로 구성되고 사회적으로 규정되며 신중하게 계획될 수도 있다. 예를 들어, 결혼식이나 학위 수여와 같이 지위 변화를 가져오는 것들이 있다. 이러한 사건들은 사람을 변화의 중심축에 놓는 주요 '언어 행위들'과 결합된 강력한 상징적 표현을 통해서 도구적 기능을 한다. 많은 문헌에서는 전환점이 개인 또는 집단의 미래 방향에 있어서 구체적인 변화를 가져오는 도구적 효능을 가진다고 제시한다. 아마도 이러한 이유로 '전환점'은 종종 더 넓은 범주의 '전환(transitions)' 안에 포함될 것이다. 하지만 이렇게 할 경우, 전환점이 갖는 인과적 메커니즘으로서의 특성과 잠재적 중요성을 모호하게 만들 수 있다.

이러한 현상에 대한 이해 방식 중 덜 도구적인 것들은 이 현상들이 주관적이고 유동적인 특성을 가졌다는 점과 시간의 흐름에 따라 미묘하게 영향을 미친다는 점을 강조한다. 첫 번째 특징이면서 아마도 가장 분명한 것은, 전환점이 단독으로 종종 특정한 순간에 촉발된다는 것이다. 전환점은 순간적으로 지나간다. 이는 개인이나 집단이 자신의 상황을 점검하고, 현실을 평가하며, 새롭게 이해하고, 미래에 대해 새롭게 상상하는 과정, 즉 내적 생애사적 성향을 창조하거나 변화시키는 데 영향을 준다(Clausen, 1998; Hareven & Masaoka, 1988; Strauss, 1959/1997). 예를 들어, Howell(2012)은 인도네시아 치웡(Chewong) 공동체가 어떻게 신성한 산림 식물로 여겨지던 등나무의 지위에 대한 신념을 급격하게 재고하게 되었는지 기록했다. 이들은 생각의 전환을 통해 등나무를 수확하여 무역에 이용하는, 새로운 수익을 가져오는 기회를 만나게 되었다. 이러한 주목할 만한 순간들은 그 자체로 삶의 변화를 구성하지는 않지만, 변화의 잠재적인 매개체 또는 촉발 요인이 될 수 있다(따라서 전환점이라는 말보다는 촉발점이라는 표현이 더 적절할 수도 있다). 또한 전환점은 과거와 미래를 연결하는 고리 역할을 하며, 미래를 향하면서 동시에 과거로도 향한다. 즉, 연속성과 단절성을 연결하는 핵심이며 과거와 미래 사이의 경계를 표시하고 생성한다(Abbott, 2001; Carlsson, 2012; Clausen, 1995; Kupferberg, 2012). 따라서 본질적으로 전환점은 순간에 발생하여 과거와 현재 상황의 요소를 구체화하고, 인식, 정체성 및 이해를 변화시키며 미래를 위한 대안적 길을 열어 준다.

이는 우리를 이러한 현상의 두 번째 특징으로 인도한다. 이러한 현상은 순간적으로 일어나기 때문에 장기적인 인과적 효과는 이후에 과거를 돌아볼 때 비로소 판단할 수 있다(Abbott, 2001; Hareven & Masaoka, 1988). 촉발점은 그것이 일어나는 순간에는 중요한 영향을 미치지만, 그 효과가 지속되지 않을 수도 있다. 특정 촉발점에 부여된 주관적인 중요성과 의미는 시간이 지남에 따라 변화할 수 있다. 어떤 것은 지속적으로 인과적 영향력을 발휘하지만, 어떤 것은 그 의미가 약해질 수도 있다(Holland & Thomson, 2009; Jost, 2012; Plumridge & Thomson, 2003). 요컨대, 전환점은 개인의 주관적인 해석에 따라 정의되는 현상이며, 변화에 대한 특정한 이야기에 내재되어 있고, 과거에 대한 통찰을 바탕으로 구성되기에 회고를 통해서만 확인될 수 있다(Abbott, 2001; Clausen, 1998; Strauss, 1959/1997; Denzin, 1989; George, 2009).

이러한 방식으로 전환점을 이해하게 되면 단일하고 구체적인 사건, 경험 또는 깨달음 하나만으로 충분한 인과적 힘을 가지게 되어 또 다른 사건을 일으키거나, 인생의 방향에 구체적인 변화를 가져올 수 있다는 생각, 또는 실제로 개인의 행위만으로 그러한 변화를 가져올 수 있다는 생각에 의문을 제기하게 된다(Carlsson, 2012: 4). 즉, 전환점에 인과적 효력이 있다고 하더라도 실제 이를 발휘하는 데 있어서는 영향이 누적되어 일어나는지 여부, 그리고 변화의 특정한 맥락에서 그것들이 어떻게 위치지어지고 이해되는지가 중요하다. 고정적인 도구적 실체와는 달리, 촉발점은 점진적인 넛지 또는 경로를 따른 '리허설'과 같은 다양한 방식으로 누적될 수 있다(Holland & Thomson, 2009; Negroni, 2012; Thomson et al., 2002). 예컨대, 다양하고 때로는 무작위적이며 때로는 상충되는 방향의 '소용돌이'나 '표류' 또는 '지그재그 경로'[사람들이 새로운 경로를 시도하고 이전 경로로 되돌아갈 때 앞뒤로 밀고 당기는 힘(Howell, 2012)]로 누적될 수 있다. 실제로 이는 미래 경로에 영향을 미치는 사회적 · 구조적 · 역사적 상황의 개입에 따라 변화한다(Carlsson, 2012). 전환점은 더 넓은 시간적 지평선, 즉 인간의 일생을 구성하는 변화와 궤적 속에 내재되어 있기 때문에 자유롭게 떠다니지도 않고 고립되어 작동하지도 않는다. 오히려 개인과 그들이 거주하는 사회 간 상호작용의 일부로 봐야 한다(Carlsson, 2012). 따라서 전환점은 사회 구조와 개인 및 집단 주체들이 중요하게 연결된 지점에서 작동한다고 할 수 있다(Kupferberg, 2012: 227).

전환과 궤적

전환은 생애과정의 역동적인 시기로서 구체적인 하나의 상태 또는 상황에서 다른 상태나 상황으로 이동하는 통로를 형성한다(Miller, 2007; Shanahan & Macmillan, 2008). 이러한 **전환기**는 다양한 기간에 걸쳐, 서로 다른 속도와 강도로 전개될 수 있으며, 때로는 생물학적 · 개인사적 · 집단적 · 역사적 변화가 혼재되어 거의 알아차릴 새 없이 일어날 수도 있다. 또한 전환기에 있는 사람들이 이를 계획하고 처방하며 관리하기를 원하는 정도 또는 전환 자체를 원하는 정도도 다양하다. 전환기는 중요한 이정표로 표시될 수도, 촉발점에 의해 촉발되는 일련의 작은 전환들의 형태를 취할 수도 있다. 예를 들어, 출산, 사망, 만성 질환 등으로 이어지는 과정과 그 이후의 과정, 또는 결혼에 이르기까지의 준비 과정과 그 여파는 모두 변화에 추진력을 제공하는 촉발점들의 축적으로 이루어지는 전환기이다.

전환기는 다시 말해 인생 전체에 걸쳐 나타나는 장기적인 **궤적** 속에 내재해 있다. 이러한 더 긴 시간 안에는 변화가 일어나는 기간뿐 아니라 지속적이면서 안정적인 기간도 있다. 이는 Abbott(2001)가 '총체적 이야기(master narratives)'라고 부르는 것으로서 미시와 거시 차원을 가로지르는 다양한 개입 요인의 영향을 받는다(Clausen, 1998). 이 관점에서는 시간이 지남에 따라 다양한 궤적들이 어떻게 교차하여 독특한 개인사를 만들어 내는지, 특정한 상황(예: 특권이나 빈곤을 통한 '상향' 또는 '하향' 경로)을 통해 어떻게 궤적들이 형성되는지, 또는 공통된 출발점을 가진 사람들 안에서도 어떻게 차별적(수렴 또는 발산)으로 궤적들이 전개되는지 등을 파악할 수 있다(Laub & Sampson, 2003). 특정한 전환기(예: 조기 부모 역할 수행)가 전체적인 궤적(예: 젊은 부모들의 더 넓은 사회경제적 운명과 삶의 기회. Neale & Davies, 2016)에 어떻게, 또는 어떤 영향을 미치는지 탐구한 연구 등은 매우 유익한 결과를 보여 주었다. 또한 장기적으로 들여다볼 때, 외부적 힘의 영향, 그리고 연속성과 변화, 안정성과 변동성이라는 쌍둥이 프로세스가 새로운 궤적에 미치는 영향을 보다 명확하게 식별할 수 있는데, 이는 전개되는 삶에 특정 패턴과 형태를 제공한다(Clausen, 1998). Abbott(2001)는 궤적에는 관성의 속성이 있다는 것을 상기시켜 준다. 즉, 궤적에는 변화되는 만큼이나 유지되는 속성이 있다는 것이다. 유지되는 상태, 반복적인 패턴, 그리고 구조적 균형은 전환기와 전환점의 파장을 덮거나 흡수하거나 완화시킬 수 있다.

상호 연동된 과정으로 볼 때, 촉발점, 전환, 궤적은 Bronfenbrenner의 생태학적 영향 영역(앞에서 살펴본 미시-거시 차원 참조)과 몇 가지 특성을 공유한다. 이것들도 마치 러시아의 전통 인형인 마트료시카처럼 서로 중첩되어 있지만 촉발점, 전환, 궤적은 서로가 다른 시간적 지평을 가로질러 작동한다. 이러한 시간적 과정의 역동적인 상호의존성이야말로 이것들을 의미 있게 하는 근원이 된다(Shanahan & Macmillan, 2008). 이는 동적인 과정이 어떻게 전개되는지를 탐구함에 있어 세 가지 모두를 고려해야 한다는 것을 시사한다.

나오며

이 장에서는 질적 종단연구의 개념적 기초를 탐구했으며, 특히 시간과 생애과정의 유동적이고 과정적인 성격, 그리고 전환점, 전환기, 궤적의 서로 맞물리는 지평을 강조했다. 이러한 개념들을 통해서 사고하는 것은 질적 종단연구 설계 및 개발에 있어서 기본적인 부분이다. 이 과정을 설명하기 위해 앞에서 다섯 가지 시간 축을 살펴보았으며, 이를 어떻게 연구의 주제로 활용할 수 있는지에 대해 몇 가지 방안을 제안했다. 전반적으로 이 장에서는 질적 종단연구 설계 및 수행 과정에서 시간을 고려하는 것이 근본적으로 중요하다는 것을 보여 주었다. 시간을 고려하는 것 자체도 중요하지만, 시간의 성격 및 특질 등을 어떻게 이해하는지도 그에 못지않게 중요하다. 우리가 시계와 달력에만 초점을 맞출 경우 우리의 시각은 빈약해질 것이다. 질적 종단연구는 살아 있는 경험과 시간의 흐름을 공통적인 참조 틀로 가져올 수 있으며, 시간에 대한 사회학적 이론과 경험적 생애과정에 대한 종단연구 사이에 다리를 놓을 수 있는 힘을 가지고 있다. Adam(1990)은 시간이라는 렌즈를 통해 사물을 바라보면, 즉시 모든 것이 달라 보인다고 했다. 같은 맥락에서 이 장에서는 **시간이라는 렌즈**를 통해 사물을 질적으로 바라보면 사회에 대한 우리의 시각을 변화시켜 보다 풍부한 이해에 도달할 수 있다는 점을 제시했다.

제3장

질적 종단연구 설계하기: 디자인 및 샘플링

제2장에서 설명한 질적 종단연구의 개념적 기초를 바탕으로 제3장에서는 질적 종단연구의 연구 설계 및 실행에 대해 살펴보고자 한다. 여기에서는 질적 종단연구의 질적 요소[1)]보다 시간적 논리에 초점이 있다. 연구 질문 구성이나 종단적 연구 모형 설계에서부터 샘플링, 연구 윤리, 자료 생성과 분석까지 연구의 모든 과정은 시간의 차원에서 구성되고 또 재구성된다. 이번 장에서는 제1장에서 소개한 시간이라는 핵심적인 개념이 어떻게 연구 설계 및 샘플링에 대한 의사결정에 반영되는지를 소개하고자 한다.

이번 장의 제목은 질적 종단연구의 중요한 특징을 나타낸다. 질적 종단연구는 엄밀한 사회과학의 결과물인 동시에 숙련된 기술, 손재주, 예술적 상상력을 요구하는 기예의 영역이다(Back, 2007; Mills, 1959; Pettigrew, 1995). 즉, 질적 종단연구는 규범적이라기보다는 연

1) 질적 연구 설계에 대한 많은 문헌이 있지만, 대부분은 질적 연구방법론을 피상적인 수준에서 다루고 있음. 다만, Ritchie와 Lewis(2003)와 Ritchie와 동료들(2014)은 중요한 예외임.

구 디자인에서 다양한 변주가 가능하고 연구 과정에서의 변화가 허용되는 창의적인 과정이라고 할 수 있다. 종단연구 설계는 적절한 연구 디자인과 조사 도구를 선택하고, 탐구하고자 하는 문제에 맞게 그 디자인과 도구를 조정하는 것이 포함된다. 종단적 연구 모형은 다양한 연구 전략과 도구와 결합됨으로써 연구의 범위가 넓어지는 경향이 있다. 제1장에서 살펴보았듯이 질적 종단연구는 하나의 접근법에 얽매이지 않는다. 한 연구에서 다양한 접근법을 활용할 수도 있고, 연구하고자 하는 현상에 맞게 서로 다른 접근법을 섞을 수도 있다(Saldana. 2002). 질적 종단연구에서의 창의성이 양질의 연구를 수행하기 위해 필요한 엄밀함을 손상시키는 것은 아니라는 점을 강조하고 싶다. 오히려 질적 종단연구에서 창의성은 역동적인 실제 세계에 대응하고 실제 세계를 반영하기 위해 방법론적 엄밀함에서 중요한 부분이다.

여정으로서의 연구 과정

모든 질적 연구는 역동적이지만(Ritchie & Lewis, 2003), 질적 종단연구는 여러 이유로 더욱 그러하다. 첫째, 연구 실행의 핵심적 요소(샘플링, 연구 참여자 모집, 연구 윤리, 자료 생성과 분석)들이 분절적인 일회성 작업으로 끝나는 것이 아니라 현장 방문과 함께 주기적으로 반복된다. 질적 종단연구의 핵심인 시간과의 관계성은 연구 과정 자체에 반영되며, 둘 다 시간을 통한 여정으로 생각할 수 있다(McLeod

& Thomson, 2009; Saldana, 2003). 둘째, 연구 환경과 연구 참여자에 대한 인식의 변화, 새로운 방법론적 · 개념적 통찰, 연구자(들)의 개인적 · 사회적 환경의 변화가 연구 여정에 영향을 미칠 가능성이 있다. 이러한 이유로 질적 종단연구자들은 변화하는 해석과 실행에 대해 반성적으로 사고하고 연구가 진행되는 과정에서 이를 기록해야 한다(Filer & Pollard, 1998; McLeod, 2003; Ottenberg, 1990; Wallace et al., 1998). 셋째, 시간을 통해 작업한다는 것은 연구자와 연구 참여자가 과거와 미래를 보는 시점이 지속적으로 변화한다는 것을 의미한다(Krings et al., 2012). 연구 시작 시점에서의 미래가 결론에 이르러서는 과거가 될 수 있으므로, 시간의 관점을 지속적으로 전환하는 것이 필요하다. 이러한 전환 과정을 통해 질적 종단연구자는 '시간 여행자(time travellers)'가 된다(McLeod & Thomson, 2009).

질적 종단연구 과정의 순환적 특성으로 인해 연구를 진행할 때 연구 질문, 주제, 사례, 현장 조사 방법, 윤리적 전략, 분석적 통찰 등 검토하고 개선해야 하는 내용의 범위가 확장된다. 이처럼 창의적인 개선을 지속적으로 허용하는 개방성은 질적 종단연구에서 엄밀함(rigour)의 일부이다. 개방성은 변화하는 상황에 대응하는 데 필요한 유연성을 제공하고 연구 진행 과정에서 '예기치 않은 일로 인해 연구를 변경하는 것을 허용'한다(Grandia, 2015: 312; Wallace et al., 1998: 79). Scudder과 Colson(2002: 206)의 말처럼 '예기치 않은 사건은 장기 연구의 계획 수립을 어렵게 한다. …… 경직된 연구 설계는 시간이 지남에 따라 불리한 조건으로 작용할 수 있다.' 그러나 이러한 유연성은 몇 가지 문제도 야기한다. 이는 연구 과정에서 지적 부담감을 과중시키고, 연구 일정표 및 연구 실행에 필요한 자원의 변화를 가져올 수 있다. 유연성은 모험적인 개척 정신을 불러일으킬 수 있지만, 동시에 불확실성을 키우기도 한다. Saldana가 기술한 것처럼, 질적 종단연구는 「오디세우스(Odysseus)」의 이타카(Ithaca) 여행의 구불구불한 여정과 유사하다.

> 애리조나 횡단 여행을 설명한다고 상상해 보자. 치밀하게 계획된 여행[그랜드 캐니언에서 이틀을 보낸 후 플래그스태프(Flagstaff)로 운전할 예정이었다]이었는데, 예상치 못한 기회[하지만 친리(Chinle)에서 원주민의 전통 행사(PowWow)가 있을 것이라는 사실을 알고 대신 그곳으로 갔다]에 통제할 수 없는 힘(폭설이 내려 고속도로가 통제되었고, 약간 지체되었다)으로 인해 우회하는 것으로[공사 때문에 고속도로 대신 주 도로(state road)를 이용해서 제롬(Jerome)까지 갔다] 계획을 수정했다[세도나(Sedona)에서 레드 마운틴(Red Mountain)을 보았을 때 좀 더 자세히 보고 싶은 마음이 들어 도로를 빠져나왔다]. 이것이 종적 질적 연구에서 연구자의 여정이다. (Saldana, 2003: 15)

이러한 정도의 유연성과 우발성을 가지고 작업할 때의 위험은 연구자가 자신의 연구가 무엇인지를 놓칠 수도 있다는 점이다(Saldana, 2003: 31). 서로 복잡하게 얽혀 있어 모호한 시간적 과정을 다룰 때 본래 연구의 초점이 흐트러지기 쉽다. 연구 과정에서 도처에 있는 변화와 흐름을 포착하려는 유혹을 느끼기 때문이다. 연구참여자들이 (누가, 어떻게, 왜 추적되는지와 함께) 무엇을 통해 추적되고 있는지가 명료하다면 이 어려움을 극복하는 데 도움이 될 것이다. 즉, 계획 단계에서 연구 목표, 질문, 전략을 분명하게 하고 연구 과정의 중요한 시점에서 되돌아보면서 점검하고 다시 집중하는 것이 도움이 된다(Saldana, 2003).

연구 질문과 개념 매핑

처음에 명확한 연구 질문을 설정하는 것은 연구를 진행하는 데 큰 도움이 될 수 있다. 연구 질문은 맥락과 관련되어야 한다(Ritchie & Lewis, 2003). 일례로 '어떻게' '왜' '어디서'를 물어야 한다. 동시에 연구 질문은 역동적인 방식으로 구성되어야 한다. 예를 들어, 시간적 과정이 어떻게 전개되는지에 대한 질문, 변화의 본질이나 원인과 결과에 관한 질문, 그리고/또는 이전 사건이 이후의 경험과 상황에 미치는 영향에 관한 질문을 할 필요가 있다. 제2장에서 설명한 시간 축들(예: 미시-거시 또는 시간-공간)도 적절하게 포함될 수 있다. 예를 들어, 「어린 아버지 추적 연구(Following Young Fathers Study)」는 다음과 같은 역동적인 연구 질문을 제시했다(Neale et al., 2015).

- 어떻게 그리고 왜 어린 나이에 아버지가 되는가? 다양한 사회경제적 · 개인적 상황에서 어린 나이에 아버지가 된다는 것은 어떤 의미이고, 어떻게 실행되고 이해되는가?
- 어린 나이에 아버지가 된다는 것은 시간이 지남에 따라 어떻게

'진행(worked out)'되는가? 어린 아버지들의 양육 경험을 형성하는 요인은 무엇이며 부모로서의 열망을 촉진하거나 방해하는 것은 무엇인가?

초안이 작성되었다고 하더라도 연구 질문에 변화가 없는 것은 아니다. 자료가 생성되고 분석이 진행됨에 따라 연구 질문은 반복적으로 정제되고 다듬어질 수 있다. 그러나 초기 연구 질문은 연구를 설계하는 데 중요한 출발점이다. 연구 질문과 하위 질문, 데이터 소스, 현장 조사 방법, 분석 과정에서 활용될 수 있는 주제어 목록을 명시하는 개념적 로드맵을 개발하는 것도 연구 과정을 안내하는 데 도움이 될 것이다. 이 로드맵은 연구 진행 과정에서 이론적 전제(theoretical premises)와 연구 실행 사이를 오가는 데 큰 도움이 될 수 있다.

질적 종단연구 설계하기

질적 종단연구 설계에서는 제1장에서 소개한 두 가지 시간 축을 바탕으로 실증적 작업을 해야 한다.

- 전망(prospective)–회고(retrospetive): 앞을 내다보고 뒤를 돌아보기
- 집중(intensive)–확장(extensive): 시간 프레임과 템포

이 시간 축들의 이론적 가능성은 제2장에서 논의했고, 이번 장에서는 그것들이 연구 설계에 어떻게 반영되는지에 초점을 두고자 한다. 다음에서 구체적으로 설명하겠지만, 연구 과정은 두 축 안에서 균형을 찾는 작업이 포함된다.

전망-회고: 앞을 내다보고 뒤를 돌아보기

제1장에서 언급했듯이, 역동적인 자료는 전망(미래를 내다보면서) 또는 회고(과거를 돌아보면서)의 두 가지 방법으로 생성될 수 있다. 전망적 접근 방식은 종단연구 설계의 핵심이고, 역동적인 과정에 대해 누적된 지식을 쌓을 수 있는 주요한 방법이다(Howell & Talle, 2012). 연구에서 사람들은 '실시간'으로 추적된다. 변화와 연속성을 그 순간 포착하기도 하고 미래에 발생할 것으로 예상하기도 한다. 이 점은 연구가 앞으로 나아갈 추진력을 제공한다. 재방문이 예정되어 있기 때문에 생성적이고 역동적인 이해를 목표로 매번의 현장 조사는 이전의 현장 조사를 고려하여 설계된다. 전망적 연구가 처음부터 계획되는 것이 이상적이지만, 실제로는 이전의 공시적(스냅사진) 연구를 기반으로 어떤 기회에 시작되는 경우가 많다. 모든 연구는 그들이 위치한 역사적 시간을 반영하기 때문에 초기 연구는 통찰을 쌓아 갈 수 있는 중요한 기준선이 된다.

반면에 회고적 접근 방식은 본질적으로 역사적이다. 현재에서 시간을 거슬러 과거를 바라보는 관점을 통해 역동적인 과정을 탐구한다(제1장 참조). 양적 연구자들은 회고적 접근 방식이 신뢰성이 낮다는 이유로 '준-종단적(quasi-longitudinal)' 접근법으로 간주하는 경향이 있다. 사람의 기억은 결함이 있을 수 있으므로 시간상 앞이나 뒤에서 사건이나 사실을 살펴보는 것을 통해 명료하고 정확한 연대기를 생성할 수 없다는 것이다(Scott & Alwin, 1998; Ruspini, 2002). 그러나 질적 관점에서 보면 과거에 대한 인식은 고정되어 있지 않으며, 연구 참여자들의 변화하는 해석과 실천을 넘어서는 어떤 객관적인 진실을 찾는 것은 항상 어렵다. 질적 종단연구의 맥락에서 이 접근법의 한계는 시간적 시선의 방향과 관련된다. 과거를 돌아보는 것은 그 자체로 변화가 발생할 때 변화의 동인과 영향을 식별하는 능력을 제한한다(Leonard-Barton, 1995). 그럼에도 불구하고, 회고적 접근법은 상당히 긴 기간의 역사적 과정 또는 생애사 과정을 재구성하고 주관적인 인과 관계를 파악할 수 있는 귀중한 방법이다(Scott & Alwin, 1998). 또한 회고적 방법만 사용하는 연구는 대체로 빠르고 비용면에서도 효율적이다(모든 자료는 한 번의 현장 방문을 통해 생성됨). 그러나 전망적 접근과 회고적 접근이 둘 중 하나만 선택해야 하는 탐구 방법이 아니라는 점을 강조하고 싶다. 그것들은 보완적이며, 같이 활용할 때 더 생산적이다(Scott & Alwink, 1998). 가장 효과적인 질적 종단연구의 설계는 시간적 시선이 과거, 현재, 미래 사이를 계속 오가면서 복잡한 교차점을 탐색할 수 있도록 두 접근법을 창의적으로 결합하는 것이다.

집중-확장: 시간 프레임과 템포

집중적인 설계와 확장적인 설계에 대해서 논의하기 전에 질적 종단연구의 시간 프레임(temporal frame)과 템포(tempo)에 대해 먼저 살펴보고자 한다. 제1장에서 언급했듯이, 질적 종단연구의 시간 프레임(조사의 전체 시간 범위)과 템포(현장 방문 횟수, 간격 및 연속성)는 복잡하게 얽혀 있다. 시간 프레임과 템포는 연구의 종단적 틀을 구성한다. 질적 종단연구를 처음 접하는 연구자들은 질적 종단연구로 인정받기 위해서 어느 정도의 기간 동안 몇 회 정도의 현장 방문이 필요한지에 관해 자주 묻는다(Saldana, 2003: 33). 시간적 비교를 위해서는 최소한 두 시점에서 자료 생성이 필요하다. 그러나 이러한 질문에 대한 엄격한 처방이나 쉬운 대답은 없다. 앞서 살펴보았듯이, 이러한 불확실성이 질적 종단연구의 어려움이다. 질적 연구는 시간이 지남에 따라 과거 또는 미래로 끝없이 확장될 가능성과 함께 무한해질 수 있다는 문제를 항상 안고 있다.

> 분석 단위가 맥락상 연속적인 과정이라면 변화 과정은 언제 시작하고 끝나는가? …… 현장 조사에서 자료 수집을 언제 시작하고 언제 끝내야 하는가? 눈물이 나서 더 이상 앞을 볼 수 없을 때가 되어야 양파 껍질을 그만 벗겨야 하는가? 물론 그러한 질문에 대한 절대적이고 간단한 대답은 없다(Pattigrew, 1995: 98).

시간 프레임과 템포는 일반적으로 연구 질문, 탐구하고자 하는 과정의 본질, 사례의 특성, 연구 예산 및 자원의 가용성을 고려하여 결정된다. 여기에서 강조되어야 할 두 가지 전략은 다음과 같다.

- 연구의 시간 프레임을 설정하기 위해서는 명확한 기준선과 종료 지점이 필요하다.
- 시간 프레임과 템포는 연구하고자 하는 과정을 반영해야 한다.

이러한 전략은 연구 과정에 시간적 논리가 있음을 보여 준다. 이 두 전략은 연구의 전체 기간을 설정하고, 결정적으로 연구의 전체 기간이 늘어나지 않도록 함으로써 질적 종단연구를 제시간에 추진하게 하는 데 중요하다.

기준선과 종료 시점

질적 종단연구의 기준선(baseline)은 시간의 흐름 속에서 변화가 발생하는 지점, 중요한 역사적 순간, 또는 일종의 시간적 표시물로 정의할 수 있다. 예를 들어, 사람들이 새로운 집단이나 사업체를 구성하는 시점, 어떤 서비스의 고객이 되는 시점, 큰 전환이 시작되거나 완료되는 시점, 삶의 새로운 단계를 시작하는 시점, 외부 환경의 중대한 변화를 직면하는 시점이다. 기준선은 특정한 연대기적 순간보다는 개념적인 것으로 이해할 수 있다(Lewis, 2007). 서로 다른 하위 사례에 대해 하나 이상의 기준선을 설정할 수 있고 연구 질문의 서로 다른 차원에 주목하는 것도 가능하다(Lewis, 2007). 개인적 환경 변화와 관련하여 생애사적으로 결정할 수 있고, 사회적 사건 변화와 관련하여 역사적으로 결정할 수도 있으며, 그 두 가지 모두를 고려하여 결정할 수도 있다. 예를 들어, Patrick(2017)은 복지 개혁에 대한 실제 경험 연구에서 영국 복지법의 변화를 기준선으로 정했다. 그녀는 영국 연합 정부가 집권한 때부터 임기가 끝날 때까지(2010~2015) 영국 복지법의 변화가 패널의 연구 참여자에게 미친 영향을 추적했다. 현장 조사의 시작 시기가 기준선과 정확히 일치하지 않는 경우, 회고적 기술이 특정 사건이나 순간을 포착하는 데 도움이 될 수 있다. 가능한 한 기준선과 종료 시점은 연구의 시간적 논리에 따라 결정되어야 하지만 실제로는 예산 지원 기간이나 자원 관련 사항과 같은 실용적인 이유에 의해 결정될 수 있다.

역동적인 과정 반영하기

시간적 논리를 적용할 때, 질적 종단연구팀은 조사 중인 역동적인 과정에 '적합(fit)'한 방식으로 연구를 구성하는 경향이 있다. 예를 들어, 서비스 이용자를 추적하는 연구에서는 서비스 이용자와 제공자 간의 접촉 빈도 및 시간에 맞춰 현장 조사 계획을 수립할 수 있다. Farrell과 동료들(2006)은 신노동당(New Labour)의 '직업 유지 및 재활 시범 계획(Job retention and Rehabilitation Pilot Scheme)'을 평가한 연구에서 이 방법을 활용했다. 이 연구에서는 시범 계획에 참여한 36명으로 구성된 패널을 대상으로 6개월간 현장 조사(매월 6회 인터뷰 수행)를 실시했다. 이 연구의 템포는 시범 계획의 템포를 반영한 것이다(Corden & Nice, 2007). 추가적인 예로, 부모가 되는 과정에 관한 연구들은 일반적으로 12개월에서 18개월 기간 동안 3회의 현장 조사[예를 들어, Miller(2005, 2015)와 같이 임신 초기 단계, 아이 출생 단계, 아이 출생 후 몇 개월 단계]를 실시하는 '이전과 이후' 모델로 설계된다.

유연한 템포

앞에서 설명한 '역동적인 과정 반영하기'는 연구를 진행하면서 템포를 조정할 수 있는 유연함이 필요하다는 것을 시사한다. 실제로 처음에 선정한 템포가 무엇이든 사람들의 삶의 흐름이나 변화하는 조건에 민감하게 대응하기 위해 시간이 지남에 따라 연구의 템포가 변화될 수 있다. 이것이 질적 종단연구가 대규모 양적 연구와 다른 점이다. 대규모 양적 연구에서 연구 참여자는 정기적으로 미리 정해진 간격으로 수년에 걸쳐 추적될 가능성이 높다(Ruspini, 2002: 4). 질적 종단연구의 경우, 후속 조사 시기의 유연성 때문에 연구 참여자가 원할 때 연구에 참여하거나 연구자가 중요한 순간에 대응하는 것이 가능하다. 예를 들어, Calman, Brunton과 Molassiotis(2013)는 유연한 템포를 적용했다면 각 개인의 질병 진행 방식을 반영하여 연구 참여자 중 말기 암 환자를 사례별로 추적할 수 있었을 것이라고 보고했다. 해당 연구의 일정은 확정되어 있었기 때문에 여러 연구 참여자는 빠르게 상태가 악화되어 연구진이 다시 방문하기 전에 사망하는 상황을 맞이해야 했다.

개별 연구 참여자의 요구에 맞춰 템포를 유연하게 설정하는 것은 연구진이 어떤 기회로든지 현장을 방문하는 것도 가능하게 한다. 예를 들어, 연구진은 연구 참여자와 관계를 유지하기 위해서, 어떤 중요한 역사적 순간을 포착하기 위해서, 또는 연구진의 변화와 같은 좀 더 실용적인 이유로 현장을 방문할 수 있을 것이다(Pollard, 2007). 전반적으로 연구 중인 과정을 포착하기 위해 시간 프레임과 템포를 유연하게 설정하는 것은 큰 도움이 될 수 있지만, 동시에 자원이나 연구 관리 차원에서 적절히 조절해야 한다. 너무 많은 유연성은 신중하게 구체화한 연구 성격을 흐트러뜨리고 기존 작업 일정을 혼란스럽게 할 수 있다. 더욱이 추가적인 현장 조사는 비용과 시간이 많이 소요되며 자료 생성과 분석의 복잡성과 규모를 가중시킨다. 휴식, 반성, 데이터 관리, 누적 분석, 현장 복귀를 위한 준비 등 반복되는 현장 조사 사이에 필요한 시간을 과소평가하고 과도하게 욕심을 부리게 되기가 쉽다. 그럼에도 불구하고, 연구 설계 단계에서 현장 조사에 대한 유연성을 확보해 두는 것은 연구의 템포와 연구 과정 내에서의 템포를 적절히 맞추는 데 도움이 될 수 있다.

집중-확장 설계

질적 종단연구에는 연구의 수만큼 많은 시간 프레임과 템포가 있지만 집중적인 설계에서 확장적인 설계에 이르는 다양한 접근 방식의 스펙트럼을 확인할 수 있다. 하나의 극단에서는 특정한 변화를 통해 사람들을 집중적으로 추적할 수 있으며, 이때는 빈번하고 지속적인 현장 방문을 동반하게 된다. 가장 집중적인 질적 종단연구는 문화기술지적 몰입의 형태를 취한다. 이런 접근을 통해 일상생활의 리듬, 특징, 동기성, 그리고 변화의 세세한 부분에 대한 통찰을 얻을 수 있으므로 심층적인 탐구가 가능해진다. 이러한 맥락에서, 연구 과정은 주기적으로 반복되는 자료 생성을 위한 현장 방문의 물결(wave)보다는 '물방울 또는 잔물결'로 생성되는 자료와 통찰의 흐름(stream or flow)에 더 가깝다(Saldana, 2003: 33). 이것은 '길과 함께하는 여정'을 전면에 내세운다(Neale & Flowerdew, 2003). 집중적인 설계 방식은 시간에 대한 두 개의 스냅사진을 노골적으로 비교하는 대신 '시간을 통한 설명(a description through time)'이라는 순환적이고 반성적이며 과정적인 이해를 가능하게 한다(Howell & Talle, 2012: 12, 17).

집중적 설계를 활용하는 연구는 상대적으로 길지 않은 기간(수 개월에서 수년)에 걸쳐 수행될 가능성이 높은데, Saldana(2003: 35)는 이를 '짧은 종단(shortitudinal)'이라고 설명한다. 집중적 연구 설계는 현재 가용한 예산이 상대적으로 적은 연구에 적합할 뿐만 아니라 특정 분기점(예: 결혼, 퇴직, 병원 입원 과정)을 통해 개인을 추적하거나 사회적 사건이나 과정(예: 새로운 커뮤니티의 탄생 또는 국가적 경축이나 애도 기간)을 탐색하는 데 이상적이다. 또한 이동이 잦거나 사회적으로 소외된 연구 참여자와 연락을 유지하는 데 적절하고, 중·단기적인 정책적 시사점을 도출하는 데도 유용하다(Molloy, Woodfield, & Bacon, 2002; Corden & Nice, 2007).

건강, 복지, 사회적 돌봄 환경에서 새로운 제도의 도입과 새로운 제도가 서비스 사용자에게 미치는 중·단기 영향을 탐색하기 위해 집중적인 접근 방식이 주로 사용된다. 예를 들어, Harocopos와 Dennis(2003)는 건강 개입 프로그램(health intervention programme)

의 효과를 조사하기 위해 마약 사용자를 18개월 동안 집중적으로 추적했다. 연구의 기준선은 치료 및 재활 센터 입원이었다. 이 센터에서 연구 참여자들을 파악하고 연구 참여자를 모집하기 위해 집중적인 문화기술지 방법을 몇 주에 걸쳐 사용했다. 그 후에는 덜 집중적이고 서서히 길어지는 주기로 연구 참여자들을 만났다(퇴원 후 1개월, 4개월, 8개월, 13개월, 18개월 후에 총 5회의 면담을 실시함).

다른 쪽의 극단에는 정기적으로, 가끔 또는 '간헐적으로' 현장을 방문하여 사람들을 더 광범위하게 추적하는 방법이 있다(Burawoy, 2003). 이러한 방문은 수년 또는 수십 년의 간격으로 실시될 수도 있다. 제1장에서 지적한 바와 같이 이러한 확장적 템포는 대규모 종단연구, 종단적 문화기술지 연구의 후기 단계, 사회학적 재연구에서 자주 발견된다. 여기에서 종단적 설계는 일련의 '동기적 스냅사진(synchronic snap-shots)' 또는 불연속적인 역사적 순간에서 수집한 '영화 스틸사진(movie stills)'과 유사한데, 이런 연구에서 시간은 두 개 이상의 시점 사이에서 일직선으로 늘어난다(Neale & Flowerdew, 2003; Talle, 2012). 이는 질적 종단연구자들이 미시-거시 축에 관여할 수 있는 방법 중 하나이다. 현장 방문 사이의 역사적 거리가 멀수록 사회 구조에서의 거시적 변화를 포착할 가능성도 커진다. 확장적 설계에서 현장 방문 사이의 뚜렷한 시간적 경계는 연구자들이 새로운 눈으로 현상을 새롭게 볼 수 있도록 한다(Talle, 2012). 그러나 현장 방문 사이의 시간차 때문에 영화의 '스틸사진' 사이에서 지속적으로 발생하는 역동적인 과정의 복잡성과 썰물, 흐름 및 우회를 식별할 가능성은 더 낮아진다(Neale & Flowerdew, 2003). 또한 연구 참여자 패널 유지의 어려움도 증가한다. 연구 참여자들에게 연구 참여를 다시 요청하기 전에 연구 참여자를 다시 추적해야 할 수도 있다(제4장 참조).

집중적인 템포와 시간 프레임은 확장적인 템포와 시간 프레임과 상호보완적이라는 점에 유의할 필요가 있다. 두 방식은 함께 활용될 수 있으며, 연구 과정의 특정 시점에서 합쳐질 수 있는 연구 설계 접근법의 스펙트럼으로 볼 수 있다.[2] 예를 들어, 집중적 설계는 시간이 지남에 따라 보다 확장적 연구 또는 재연구로 발전할 수 있고, 그렇게 함으로써 다양한 시간적 흐름을 포착할 수 있다. 종단적 문화기술지 연구에서 이런 사례가 자주 나타난다(Foster, 1979; Gordon & Lahelma, 2003; Talle, 2012). 인터뷰 기반 연구에서도 이러한 현상이 점점 더 분명해지고 있다. 예를 들어, Miller(2005, 2015, 2017)는 약 18년 전에 부모가 되는 과정을 집중적으로 추적했던 연구 참여자 그룹을 다시 방문함으로써 상당히 다른 시간 프레임으로 연구를 수행했다. 추가 연구 자금 확보를 통해 그녀는 연구 참여자들의 '실질

---

2) 인류학자들은 이러한 다양한 템포를 오랫동안 활용해 왔음. Firth(1959)는 지속적인 통시적(continuous diachronic) 접근과 이중 공시적(dual synchronic) 접근을 구분했음. Foster와 동료들(1979: 9-10)는 지속연구(continuous studies)와 재연구, Howsell와 Talle(2012)은 다중 시간 연구(multitemporal studies)와 재연구 등으로 구분했음. 질적 종단연구자들도 비슷한 구분을 한 바 있음[Holland, Thomson과 Henderson (2006)과 Warin(2011)은 자신의 14년의 학생 연구를 간헐적인 문화기술지 연구로 분류함]. 그러나 Peterson Royce와 Kemper(2002: xvi)가 관찰한 바와 같이, 종단적 문화기술지 연구에 할당된 전체 시간 내에서 '시간의 길이, 원래 추진력, 목표, 현장 방문의 시간 간격, 연구 인력 구성에서 상당한 편차'가 나타났음. 따라서 이러한 서로 다른 템포는 각 종단적 연구의 특징을 보여 준다고 보기 어렵고, 서로 영향을 주고받는 스펙트럼의 일부로 이해하는 것이 더 적절함.

적인' 육아 기간에 대한 회고적 접근을 취함으로써 이전 연구에서의 3회의 전망적 연구를 보완하고 연구에 대한 장기적인 관점을 구축할 수 있었다(또한 Furstenberg, Brooks-Gunn, & Morgan, 1987; Laub & Sampson, 2003 참고). 일반적으로, 확장적 연구를 위한 자금 확보는 질적 종단연구자에게 어려운 일이 될 수 있다. 확장적 시간 프레임의 연구는 여러 단계의 자금 조달을 통해 조금씩 확대되는 경우가 많다. 그러나 멀리 내다보는 연구자들은 장기적인 현장 재방문을 계획하고 장기적인 재방문이 가능하도록 패널 유지, 자료 생성·관리·보존에 유의한다.

시간적 샘플링: 사례, 주제 및 시간의 논리

질적 연구에서 샘플링은 실증적 조사와 분석의 기본사항으로 적절한 범위의 사례나 연구 단위를 정하는 것을 포함한다(Ritchie & Lewis, 2003). 누구를(또는 무엇을) 샘플링할지, 얼마나 많은 사례를 살펴볼지, 어떤 종류의 변주(변형 사례)를 포함하고 그것은 언제 어디에서 샘플링할지를 정해야 한다. 서로 긴밀하게 연결된 이런 결정들이 샘플링 전략을 구성한다. 광범위한 인구 집단, 사회적 사건 등에서 사례를 정할 수 있지만, 질적 종단연구의 사례 단위는 개인이나 소규모 집단일 가능성이 높으며 그들의 삶이 펼쳐지는 네트워크, 사건 또는 환경이 포함된다.

샘플링 전략에 시간을 추가하면 그 과정이 복잡해질 뿐만 아니라 풍부해진다. 시간은 연구 참여자의 규모, 조사의 폭과 깊이, 사례 결정 시기, 포함될 변형 또는 변이, 사례 간 비교를 이해하는 방법에 영향을 미친다. 질적 종단연구 사례는 본질적으로 역동적이고 과정 중심적이다. 연구의 단위는 특정 개인이나 집단의 다양한 특성, 다양한 공간적 맥락뿐만 아니라 시간적 과정에서 정해질 수 있다. 달리 말하면, 사례 간 샘플링뿐만 아니라 시간을 통한 샘플링을 통해 핵심 주제를 탐색할 수 있다. 예를 들어, 한 초등학교를 대상으로 아동의 학교 교육 이력에 대한 종단적 문화기술지 연구를 실시한 연구에서 아동, 부모, 교사, 아동 생활의 다양한 미시 환경(교실, 놀이터, 가정)을 연구 단위로 삼아 7년간 아이들을 추적했다(Pollard & Filer, 1996, 1999). 이런 설계는 아이들의 펼쳐지는 삶에 대한 자료를 수집, 정리, 분석하기 위한 개념적 틀이 되었다. 아이들 삶의 일화, 학생들의 학교 교육 이력 형성과 재구조화에 영향을 줬던 거시적 교육 구조와 다양한 미시 문화는 시간과의 관계 속에서 봐야 하므로 시간 자체가 연구의 단위가 되었다. 전반적으로, 질적 종단연구의 개념적 틀에는 사례, 주제, 시간 간의 복잡한 관계가 공통적으로 나타난다. 연구 설계 및 수행에서 이 세 가지를 모두 염두에 두어야 한다. 이런 개념적 틀은 연구의 사례가 어떻게 구성되고 분석되는지를 결정한다(이 주제에 대해서는 제5장에서 자세히 살펴봄).

합목적적 샘플링

다음에서는 합목적적 샘플링의 기본사항과 합목적적 샘플링이 질적 종단연구의 연구 참여자 규모, 사례의 폭과 깊이에 대해 의미하는 바에 대해 논의하고자 한다. 다음으로 시간 경과에 따른 재샘플링(re-sampling) 과정과 (종단 패널 및 코호트의 특성과 유용성을 포함하는) 시간적 샘플링에서 고려할 사항들을 살펴보고자 한다. 질적 종단연구에서 사례가 어떻게 정의되든 간에 목표는 설명력이 있는 사례, 즉 연구 주제에 대한 통찰을 제공하는 사례를 샘플링하는 것이다. 합목적적 샘플링 논리는 일반적으로 연구자가 분석을 위해 읽을 수 있는 사례의 범위를 결정하는 데 사용된다. 샘플링의 목표는 전형적인 사례, 특징적이거나 극단적인 사례를 샘플링하는 것일 수 있다. 또는 광범위한 스펙트럼의 환경과 경험(예를 들어, 성별, 연령, 민족, 사회경제적 배경 그리고/또는 지리적 환경의 축에 따른)에 걸쳐 작업하는 것이 샘플링의 목표일 수도 있다. 사례 선택 과정에서 결정에 고려할 사항에 대한 매트릭스(matrix)를 사용하여 각 샘플링 기준(예: 각 연령 그룹의 숫자)에 대한 할당량을 정할 수도 있을 것이다(Ritchie et al., 2014).

연구 참여자 규모와 사례의 폭과 깊이

합목적적 샘플링은 대규모 또는 '대표' 사례의 필요를 배제할 수 있는 이론적 논리를 갖는다. 초점은 엄격하게 비교 가능한 사례 간의 유사점과 차이점을 측정하기보다는 다양한 상호보완적인 사례를 관통하는 경험을 이해하는 데 있다(Pawson, 2006). 질적 종단연구의 연구 참여자 규모, 사례의 폭과 깊이는 사례 연구 또는 사례 간 비교 연구에서의 우선순위에 따라 연구마다 다양할 수 있다. 사례 연구 접근법은 상대적으로 적은 수의 사례를 선정하는데, 심지어 사회 현상이나 과정에 대한 심층적이고 전체적인 이해를 제공할 수 있는 하나의 사례를 선정할 수도 있다. 예를 들어, 소수의 가족 구성원이나 단체를 샘플링함으로써 시간에 따른 그들의 다양한 경로를 자세히 탐색하고 비교할 수 있다(Macmillan et al., 2011; Pettigrew, 1995). Pollard와 Filer(1996: 293)가 실시한 교육시스템을 통한 아이들의 여정에 대한 12년의 종단적 문화기술지 연구인 「정체성과 학습 프로그램(Identity and Learning Programme)」에서 이 방식을 취했다. 처음에 연구진들은 대조되는 두 초등학교에서 아이들을 샘플링할 계획이었다. 결국 나중에 이 목표를 달성했지만(Pollard, 2007), 초기에는 기대했던 연구 자금이 조달되지 않아 이 계획을 보류해야 했다. 대신 한 학교의 헌신적인 교장 선생님과 함께 일할 기회가 생겼다. 적절한 연구 참여자를 섭외할 수 있는 좋은 기회를 맞이한 연구진은 문화기술지적 사례 연구 접근 방식을 채택하고 이 학교의 같은 학년 학생 10명을 모집했다. 변화하는 교육정책과 학교 활동을 고려하면서 다양한 미시 공간 및 문화적 환경(교실, 가정, 운동장)을 통해 아이들의 삶을 추적함으로써 수년 동안의 초등교육단계 교육 궤적의 미묘한 변화를 드러낼 수 있었다(Pollard & Filer, 1996; 1999; 2000; 유사한 연구로 Gordon & Lahelma, 2003 참조).

대안적으로, 연령, 세대, 여건, 환경 및 생활 경험 측면에서 더 이질적인 다수의 연구 참여자를 모집한다면, 교차 사례 분석을 할 수 있는 범위가 확대된다. 또한 공간적 여건에 따른 비교를 하거나 미시-거시 축에 걸쳐 다양한 이해관계자를 대표하고자 하는 연구에서는 많은 샘플링이 필요할 수도 있다(제2장 참조). 질적 패널 연구(qualitative panel study 또는 qualitative panel research)는 상대적으로 크고 다양한 표본을 대상으로 하는 '대규모(scaled-up)' 연구의 대표적인 예이다. 예컨대 Burton, Purvin과 Garrett-Peters(2009)는 6년 동안 실시한 종단적 문화기술지 연구에서 저소득층 어머니 256명의 삶을 추적했는데, 이 연구는 3개의 미국 도시에서 샘플링한 2,402가구에 대한 대규모 종단 설문조사의 일환으로 실시된 것이다(세계 빈곤 연구 맥락에서 유사한 혼합 연구방법 설계는 Morrow & Crivello, 2015 참조). 이와 유사하게, 「복지 조건 연구(Welfare Conditionality Study)」에서는 영국과 스코틀랜드 전역의 복지 수혜자에 대한 9개 하위 집단을 대표하는 480건의 사례를 모집했다. 복지 서비스 제공자도 연구 참여자로 포함되었는데, 그들을 대상으로 한 차례의 인터뷰(www.welfareconditionality.ac.uk)를 실시하여 복지 서비스 제공자의 관점을 살펴보았다.

하지만 이러한 대규모 표본은 질적 종단연구에서는 드물다. 단독 사례 기반과 사례 간 비교 기반 전략 사이의 균형이 무엇이든 간에 탐구의 깊이와 폭 사이에는 분명한 상충관계가 있다. 일반적으로 질적 연구자들은 설명의 깊이가 손상되지 않도록 사례의 규모는 관리 가능한 수준(평균 약 50개 사례)으로 유지하려고 노력한다(Ritchie et al., 2014). 질적 종단연구의 경우, 이 부분이 더 중요해진다. 연구 사이클이 진행될수록 다양한 사례와 여건의 확장과 시간적 자료의 축적이 급속도로 진행되며, 이는 빠른 속도로 관리를 어렵게 할 수 있다. 연구진은 점점 더 커지고 다루기 힘든 데이터세트를 생성, 재생성, 분석, 재분석하는 거대한 작업과 씨름하거나 그 작업에 압도될 수 있다. 심지어 질적 연구에 사용되는 평균 사례 크기(50개 사례)도 여러 번의 현장 조사를 통해 집중적으로 추적해야 하고 연구가 진행됨에 따라 누적된 통찰을 구축할 때는 관리가 훨씬 더 어려워질 수 있다. 단독 연구자나 자원이 제한된 소규모 팀의 경우, 어려움은 더욱 클 수 있다.

질적 종단연구에서 '대규모 연구'의 장점이 무엇이든, 설명의 깊이와 통찰은 질적 종단연구에서 결정적인 요소이며 타협할 수 없다. 이러한 맥락에서 사례의 깊이와 폭 간의 절충은 연구 참여자 규모와 연구 참여자를 추적하는 빈도 및 강도 간의 절충을 의미하기도 한다. 즉, 연구의 템포는 샘플링 전략의 필수 요소이다. 질적 종단연구 연구 참여자의 특성과 규모에 대한 결정은 연구의 템포에 영향을 주므로, 질적 종단연구 설계에서는 이를 함께 고려해야 한다. 앞서 논의한 이러한 이유로 상대적으로 짧은 시간 프레임 내에서 집중적으로 작업해야 하는 질적 종단연구 연구진은 상대적으로 적은 수의 사례에 대한 상세한 탐색을 계획할 가능성이 높다.

시간 경과에 따른 재샘플링

모든 질적 연구에서 샘플링은 역동적인 과정이다. 샘플링 기준은 현장 조사가 진행됨에 따라 변경되거나 개선될 수 있다(Ritchie & Lewis, 2003). 예를 들어, 연구자가 특정 이론적 범주가 '포화(saturated)'될 때까지 샘플링 전략을 계속 개선하고 새로운 사례를 모집하는 근거이론(grounded theorizing) 과정에서 이 부분은 분명하게 드러난다(Charmaz, 2006).[3] 그러나 질적 종단연구에서는 샘플링의 역동성이 특히 두드러진다. 커플, 가족, 가정, 조직과 같은 연구 단위는 연구가 진행됨에 따라 줄어들거나 늘어날 수 있으며, 모양이나 구성이 바뀔 수도 있다. 마찬가지로, 처음에 생활 환경이나 개인 특성의 관련성 때문에 선정된 사람들이 시간이 지남에 따라 이러한 샘플링 기준에 맞지 않을 수 있다. 이런 점은 질적 종단연구에서 연구 진행에 따른 변화의 특성을 탐색할 수 있는 기회를 만들기도 한다. 그러나 현장 조사가 되풀이됨에 따라 합목적적 샘플링의 범위도 증가한다. 연구진은 기준선 관련 사례를 어떻게 설정하고, 어떻게 추적하며, 나중에 새로운 하위 사례를 선정할지 여부를 결정해야 한

---

3) 질적 종단연구의 시간적 샘플링은 근거이론과는 다른 논리에 기초한다는 점을 언급할 필요가 있음. 근거이론 연구에서 샘플링은 도출하고자 하는 이론을 잘 보여 줄 수 있는 새로운 사례를 계속적으로 찾음. 범주나 주제가 '포화(saturated)'되면, 즉 새로운 사례가 더 이상 새로운 이론적 통찰력을 제공하지 않을 때 샘플링 과정이 종료됨(Charmaz, 2006: 113). 그러나 시간은 이런 식으로 '포화'될 수 없음. 대신, 질적 종단연구의 시간적 샘플링의 목표는 그것들이 변화되었는지 또는 어떻게 변화되었는지를 파악하기 위해서 다른 시간대의 동일한 사례를 선정함. 현장을 다시 방문할 때마다 각 사례에 대한 새로운 통찰을 보태면서 시간적 이해는 지속적으로 재구성되고 수정됨. 자료 분석과 관련된 차이점에 대한 자세한 내용은 제5장 참조.

다. 즉, 샘플링 자체가 연구 여정의 일부가 된다.

기준선 관련 사례가 시간에 따라 모두 추적되는 것은 아니다. 처음에는 많은 사례가 포함된 큰 규모의 패널을 구성하는 것이 일반적이지만, 연구가 진행됨에 따라 좀 더 자세한 탐색이나 집중적인 추적을 위해 하위 사례를 신중하게 선정하는 것이 일반적이다. 이것은 '깔때기(funnel)' 접근법 또는 '점진적 초점(progressive focusing)'으로 알려진 문화기술지 연구 전략이다(Agar, 1980: 13; Pollard, 2007). 선정된 하위 사례는 정지 상태 또는 계속되는 변화 과정을 전형적으로 보여 주거나 특히 특이하거나 다양한 궤적을 보여 줌으로써 연구 주제에 대한 큰 통찰을 제공할 가능성이 있다. 그런 다음, 전체 기준선 관련 사례를 덜 집중적이고(또는 덜 집중적이거나) 좀 더 적은 횟수로 추적할 수 있다(예: 대면이 아닌 전화 또는 인터넷을 통한 인터뷰). 이것은 질적 종단연구에서 기준선에서 범위를 충분히 확보하고, 후속 조사에서 심층적 탐색을 하면서 연구의 범위와 깊이 간의 균형을 유지할 수 있는 방법 중 하나이다. 이는 제한된 예산을 절약할 수 있는 샘플링 전략이며, 시간과 자원이 제한된 단독 연구자나 소규모 연구팀에게 특히 적합할 수 있다.

오히려 후속 조사에서 기준선 관련 사례를 확대하는 경우도 있다. 앞서 살펴본, Pollard와 Filer(1996, 1999)의 「정체성과 학습 프로그램(Identities and Learning Programme)」 연구에서는 초기에 같은 초등학교에 재학하고 있는 10명의 학생을 연구 참여자로 선정했다. 몇 년 후, 연구진은 대조군이 되는(contrasting) 초등학교에 재학하는 10명의 학생을 추가로 모집하여 연구 참여자를 확대했다(Filer

& Pollard, 2000). 20명의 아이 대부분은 중등교육 단계로 진학했고, 이 과정에서 연구해야 할 현장은 2개의 초등학교에서 9개의 고등학교로 늘어났다(Pollard, 2007). 마찬가지로, 「어린 아버지 추적 연구(Following Young Fathers Study)」에서 초기 연구 참여자는 12명의 저소득층의 젊은 아버지들로 구성되었고, 이들에 대하여 3회의 심층 인터뷰를 실시했다. 이것은 특별히 헌신적인 실행 파트너의 도움으로 모집된 '기회적(opportunistic)' 사례였다. 두 번째 연구 단계의 자금 펀딩을 위해 연구 참여자를 중산층 가정 출신 사람과 전문의의 전문적인 지원을 받지 않는 사람을 포함하여 31명의 청년으로 확대했다. 이런 사례 확대를 통해 젊은 아버지들에게 필요한 지원, 그들의 사회경제적 지위에 따른 다양한 궤적, 그리고 아버지가 되는 여정에서 사회경제적 지위와 지원의 영향에 대한 더 큰 통찰을 얻을 수 있었다(Neale et al., 2015). 이러한 방식으로 연구 참여자를 확대함으로써 이 연구는 작은 수의 사례로 시작했으나 점진적으로 발전할 수 있었다.

종단 패널과 코호트

전망적 종단연구의 연구 참여자는 일반적으로 '패널(panel)'로 명명된다.[4] 패널은 공통의 정체성과 연구에 지속적으로 참여할 수 있는 능력을 갖춘 확정된 연구 참여자 그룹을 의미한다. 합목적적 샘

4) 이 용어(패널)는 양적 종단연구에서 유래되었고, 양적 종단연구에서의 패널은 대표적인 표본과 상대적으로 긴 기간과 관련됨. 그러나 질적 종단연구에서도 일반적으로 사용되고 있음(예: Krings et al., 2013; Saldana, 2003; Farrell et al., 2006 참조).

플링을 활용한다면, 질적 종단 패널은 시간 경과에 따른 비교가 가능하도록 다양한 방식으로 구성될 수 있다. 일반적인 전략은 하나 이상의 코호트를 구축하는 것이다. 코호트는 대략 같은 기간 동안 공통된 삶의 단계나 특정한 역사적 과정을 통해 공유된 경험을 가진 개인 또는 집단이다. 이들은 '동일한 시간 간격 내에서 동일한 삶의 사건을 경험하는 개인들의 집합체'로 정의된다(Ruspini, 2002: 9). 즉, 코호트는 시간에 따른 공유된 경험에 의해 결정되는데, 이 점은 코호트를 어떻게 구성할지에 대해 상당한 유연성을 제공하기도 한다. 예를 들어, 코호트는 같은 연령대 또는 세대, 공통된 인생 경험(예: 동시 이주, 투옥, 퇴직), 외부 환경에 의한 공통적인 경험(예: 서비스의 고객이 되는 경험, 정책 변화, 전쟁, 기근의 경험)에 따라 구성될 수 있다.

아마도 가장 잘 알려진 코호트는 같은 해에 태어난 아이들을 샘플링한 출생 코호트이며, 이들은 출생부터 또는 생애과정의 특정 부분을 통해 추적될 수 있다(Ruspini, 2002). 사람이 태어난 시대는 그들이 누구인지를 형성하는 가장 중요한 영향력 중 하나이다. '젊다는 것은 특정 시간과 장소에서 젊다는 것이며, 각 연령 코호트는 고유하다.'(Colson, 1984: 4) 하나 이상의 코호트에 걸친 샘플링은 시간의 미시-거시 궤적을 살펴보기에 적합한 방법이다. 코호트는 공유된 경험을 동시에 겪는 사람들로 구성되기 때문에 코호트를 넘나드는 샘플링은 생애사적(biographical) 변화 과정과 역사적 변화 과정 사이의 관계를 탐색하는 핵심 요소가 될 수 있다. 코호트가 결코 동질적이지 않다는 점에 유의해야 한다. 여러 코호트에 걸친 샘플링을 통해 연구진은 서로 다른 특성을 갖고 다양한 환경에서 생활하는 사람들을 연구에 끌어들일 수 있다. 예를 들어, Laub과 Sampson(2003)은 수십 년에 걸쳐 비행 '소년' 연령 집단의 다양한 궤적을 조사하여 범죄 경력을 지속하게 하거나 범죄를 그만두게 하는 복잡한 사회경제적 배경, 가정 배경, 건강 요인을 밝혀냈다.

복수의 코호트 샘플링하기

여러 코호트에 걸친 샘플링은 종단연구에서 흔히 사용하는 전략이다. 특히 역사적 사건이 삶의 과정과 어떻게 동기화되는지 알아내려는 대규모의 확장적 연구에서 많이 사용된다(Giele & Elder, 1998, 제2장 참조). 오랫동안 실시된 「버클리 가이던스 연구(Berkeley Guidance Study)」와 「오클랜드 성장 연구(Oakland Growth Study)」의 종단 자료를 바탕으로, Elder는 대공황 당시 성장 중이던 두 연령대의 젊은이들을 사례로 추출했다(Elder, 1974; Elder & Pellerin, 1998; Shanahan & Macmillan, 2008). 오클랜드(Oakland) 아이들은 십대 시절에 대공황을 겪었고, 가족 경제에 기여할 수 있었다. 오클랜드 아이들보다 여덟 살 어린 버클리(Berkeley) 아이들은 대공황 당시 작고 의존적이었다. 결과적으로 그들은 가족 자원에 추가적인 부담을 주어 그들과 가정에 부정적인 영향을 미쳤다. Elder가 역사적 사건을 겪는 연령에 따라 그 영향이 다양할 수 있음을 보이고, 사람들의 삶에서 역사적 사건이 발생한 시기에 대한 새로운 통찰을 도출할 수 있었던 것은 두 연령대에 걸친 샘플링 전략 덕분이었다.

또한 코호트를 넘나드는 샘플링은 집중적 설계 방식의 질적 종단연구에서 더 많이 사용된다. 이 전략은 사회 또는 건강 보장 프로그램의 실시와 효과를 평가하는 연구에서 가장 일반적으로 사용된다. 순차적으로 또는 시차를 두고 (겹치는) 프로그램에 들어가는 두 개 이상의 코호트를 샘플링함으로써 프로그램 제공에 따른 변화와 이러한 변화가 서비스 사용자에게 미치는 영향을 분석할 수 있다. 예를 들어, 「직업 유지 및 재활 시범 계획(Job Retention and Rehabilitation Pilot Scheme)」에 대한 평가에서 Farrell과 동료들(2006)은 세 집단의 서비스 사용자(각 12명)를 인터뷰했다. 이 연구는 3단계로 진행되었는데, 각 단계는 6개월 동안 진행되었으며 여섯 차례의 인터뷰가 실시되었다. 각 단계는 서로 다른 서비스 사용자 코호트에 할당되었고, 파일럿 경험에 대한 집단 간 비교를 실시했다. 즉, 총 18개월 동안 18번의 현장 조사가 실시되었는데, 연구 참여자 규모가 작아서 집약적인 일정이 가능했다.

영국 신노동당의 「구직 시범 프로그램 계획(Pathway to Work Pilot Scheme)」(Corden & Nice, 2007)에 대한 평가에서도 비슷한 접근 방식을 취했지만, 여기에서 코호트는 순차적인 서비스 사용자 집단이 아니라 시차를 두고 중첩된 시간 프레임을 따라가는 집단이었다. 전체 시간 프레임은 21개월이었고, 각 코호트마다 3번씩 총 9회의 현장 조사가 포함되었다. 이런 집중적인 설계와 샘플링 전략을 통해 상대적으로 큰 연구 참여자 규모(100명 이상)와 시범 계획의 개발에 직접 영향을 줄 수 있는 자료와 연구 결과를 꾸준히 제공할 수 있었다. 질적 종단 패널 설계에서 중복되거나 연속적인 코호트를 사용하는 것은 서비스 제공의 변화('코호트' 요소)에 따른 개별 경험('패널' 요소)의 변화를 탐색할 수 있는 귀중한 방법이다. 이런 접근 방식은 대규모 비교를 위해 더 큰 규모의 사례가 필요하거나 정책 입안자가 중·단기적으로 빠른 결과를 요구하는 평가 연구에 매우 적합하다(Corden & Nice, 2007). 그러나 연구자들이 언급하듯이, 이러한 샘플링 전략은 관리가 복잡할 수 있으며 까다로운 현장 조사 일정을 수반한다.

세대 코호트와 가계

세대 코호트 내 샘플링이나 세대 코호트 간 샘플링, 또는 가족 구성원의 세대 간 샘플링은 세대에 따른 변화와 역사적 변화 간의 상호작용을 탐색할 수 있다. 세대 코호트는 동일한 역사적 기간 내에서 태어나 성장한 개인들의 집단이다. 그들은 공유된 문화적 유산과 역사적 상황과 변화에 대한 동시대적 경험을 통해 '횡적으로(horizontally)' 묶인다. Mannheim(1927/1952)이 처음으로 세대별 코호트를 만들었을 때, 세대별 코호트가 연구 참여자의 연령만으로 정의되지 않는다는 점을 강조했다. 실제로 매일의 탄생과 죽음이 끊임없이 계속된다는 점을 고려할 때, 연령만으로 세대를 명확하게 정의할 수는 없다. 세대 코호트의 시간적 경계는 유동적이고 명료하게 정의하기 어렵다. 주변부에 있는 사람들이 '사회 변화의 소용돌이 속으로 빨려 들어가지' 않는 한(Mannheim, 1927/1952: 303), 그들은 무기력하거나 자기보다 먼저 또는 나중에 태어난 사람들을 따라 수동적으로 행동할 수 있다(McLeod & Thomson, 2009: 111; Pilcher, 1994). 그러나 세대 코호트의 핵심 구성원은 개인적 삶의 과정, 역사적 · 정치적 · 환경적 과정, 국가적 사건, 기술 발달, 새로운 문화적 관행의 부상, 변화하는 가치 등을 통해 형성된 운명에 대한 유사한 인식을 공유할 것이다. 이러한 과정은 점차 통합되어 사회 구조에 눈에 띄는 변화를 일으키고 뚜렷한 세대적 정체성을 구축할 수 있다(예: '전쟁' 세대, 전후 베이비붐 세대, 밀레니엄 세대 등).

모든 코호트와 마찬가지로 세대 코호트도 연구 참여자들의 삶의 환경과 경험이 동질적이지 않다. 성별, 계층, 민족 또는 공동체 측면에서 다양한 하위 집단으로 구성되어 있을 가능성이 높고, 이런 측면 때문에 다른 집단과 대조되거나 반대되는 독특한 정체성을 개발했을 수도 있다[예: 전후 시대의 '모드족(mods)'과 '로커족(rockers)'[5)]]. 「성장하는 소녀(Growing Up Girl)」 연구에서 Walkerdine, Lucey와 Melody(2001)는 어린 시절부터 성숙기에 이르기까지 젊은 여성의 삶을 추적했다. 이 연구에서 연구진은 다양한 샘플링 전략을 사용했다. 전망적으로 추적할 사례를 선정했고, 사례를 확대하기 위해 회고적으로 인터뷰할 연구 참여자를 선정하여 두 번째 그룹을 만들었으며, 이전 연구에서 샘플링하여 자료의 용도를 변경한 세 번째 그룹을 구성했다. 복합 사례는 Mannheim이 제안한 의미에서 고전적

5) 역자 주: 모드족(mods)과 로커족(rockers)은 모두 제2차 세계대전 후 성장하여 전쟁의 공포나 궁핍한 생활을 경험하지 않은 세대가 발달시킨 서브컬처 또는 음악 장르임. 모드족은 영국을 중심으로 발달했고 로커족은 미국을 중심으로 발달했음.

인 세대 코호트를 형성했다. 계층, 민족, 교육 수준이 다양하고 나이 차이가 10년 이내였던 젊은 여성들은 특정 문화적 환경 속에서 그리고 구조적 불평등과 밀레니엄에 이르는 역사적·사회적 변혁의 시기에 성인으로서의 정체성을 구축하고 있었다(유사한 세대 샘플링 전략에 대해서는 Henderson et al., 2007 참조).

복수의 세대 코호트와 가계 샘플링하기

연구에서 서로 다른 세대 코호트를 다루면 두 가지 목적을 달성할 수 있다. 세대 간 관계 역학에 대한 탐색이 가능하고, 포함된 세대의 수와 세대 간의 간격에 따라 다를 수 있겠으나 거시적인 역사적 변화 과정에 대한 통찰을 얻을 수 있다. Bertaux와 Delcroix(2000)는 유의미한 역사적 분석을 위해서는 최소 3세대가 필요하다고 제안한다. 예를 들어, 삶의 과정에서의 장애에 관한 연구에서 Shah와 Priestley(2011)는 1940년대, 1960년대 및 1980년대에 태어난 장애인의 3세대 집단을 연구 참여자로 선정했다. 그들은 매우 다른 건강, 교육, 사회복지 제도하에서 성장한 각 코호트의 경험을 비교할 수 있었고, 반세기에 걸친 변화 속에서 장애 경험의 변화를 도식화할 수 있었다. 이것은 시간이 지남에 따라 사람들을 추적하지 않는 단일 방문 연구였다. 그러나 연구진은 이러한 접근 방식을 통해 역사적 발전에 대한 회고적 이해를 얻을 수 있었다. 이와 같은 표본 전략을 활용한 질적 종단연구는 비교적 적지만, Hermanowicz(2016)가 좋은 예를 제공한다. 그는 박사학위를 받은 연도를 기준으로 3세대에 걸친 과학 교수(academic science teachers) 코호트(초기 경력, 중기 경력, 후기 경력)를 연구 참여자로 선정했다. 다양한 종류의 미국 고등교육 기관에서 55명의 학자를 섭외했다. 이 연구는 10년 간격으로 두 차례의 인터뷰를 실시하는 확장적 종단 설계였다. 두 번째 인터뷰에서 코호트 내의 학자들은 경력의 다른 단계(중기 경력, 후기 경력, 은퇴)로 이동했다. 각 인터뷰에서 연구진은 세 코호트 간 세대적 및 역사적 차이를 탐색할 수 있었다. 이러한 연구 설계는 한 세대에서 다른 세대로 이동하면서 연구 참여자에게 발생한 생애사적 변화와 10년의 세월 경과에 따른 경력 궤적에 영향을 준 제도적·사회적 요인의 탐색 또한 가능하게 한다.

관련된 접근 방식은 가계(family chain) 관계에 의해 '종적으로(vertically)' 결합한 가족 구성원을 세대별로 선정하는 것이다. 이것은 친족 관계로 연결된 사람들의 상호 연결된 삶, 영향, 유산 및 내부 역학에 대한 탐색을 가능하게 한다. 그들의 삶의 궤적은 가족관계에 있는 나이 든 세대와 젊은 세대의 삶에 각 세대의 특징(관계, 고용, 주택, 건강 등에서의 변화)이 영향을 미치면서 서로 맞물려 나타난다(Elder, 1985: 39). 연구진은 가계 내 여러 세대의 사람들과 작업함으로써 사회 변화의 거시적 패턴에 대한 통찰을 얻을 수 있다(Bertaux & Delcroix, 2000: 71). 일반적으로 질적 종단연구에서는 앵커 세대[6]를 선정하고 그 세대를 기준으로 다른 세대를 구성한다. 다른 가계의 구성원은 위에서 설명한 의미의 세대 코호트가 아니라는 점에 유의할 필요가 있다. 다른 가족에 속하는 사람들은 같은 삶의

---

6) 역자 주: anchor generation, 질적 종단연구에서 연구의 기준으로 삼는 세대를 일컬음.

사건을 반드시 같은 역사적 시간에 겪는 것은 아니다. 왜냐하면 각 가계는 세대의 연령, 출생 간격, 샘플링된 세대 수에 따라 고유한 역사적 범위를 갖기 때문이다. 그럼에도 불구하고, 가계는 가족생활의 흐름과 세대에 걸친 영향에 대한 통찰과 함께 거시적·역학적 과정에 대한 귀중한 통찰을 제공할 가능성이 높다.

한 가지 예를 들어 보자면, 4세대 가족 내 돌봄 패턴에 대한 연구(Brannen, 2006; Brannen, Moss, & Mooney, 2004)에서 연구진은 각 5~8명의 가족 구성원으로 구성된 12개의 세대 간 가계를 선정하여, 전체 71명의 가족 구성원을 모집했다. 이 연구에서는 세대적 설계로 인해 1930년대 대공황부터 전후 복지 국가의 재건과 성장, 1980년대 신자유주의 경제정책(대처리즘)에 이르기까지 중요한 역사적 탐색이 가능했다. 연구진은 가족의 지지(family support)가 생애과정에서의 특정 시기, 가족 문화, 거시적 역사 맥락에 의해 어떻게 형성되는지 탐구할 수 있었다.

복수의 세대 코호트 샘플링과 마찬가지로 복수의 가계 샘플링은 주로 한 번의 현장 방문을 통해 회고적으로 역사적 깊이를 탐구하고자 하는 연구자가 활용한다(예: Bertaux & Delcroix, 2000; Brannen, 2006; Brannen, Moss, & Mooney, 2004). 그러나 다음 예에서 볼 수 있듯이 전망적 질적 종단연구 설계에서도 이 샘플링 전략을 활용할 수 있는 많은 가능성이 있다. 「현대적 엄마 되기 연구(The Making of Modern Motherhood Study)」(Thomson et al., 2011; Thomson, 2011)는 가족적·생애사적 변화의 중요한 순간인 새로운 세대의 도래를 중심으로 설계되었다. 처음으로 엄마가 되려는 62명의 여성 코호트와 기본 인터뷰를 실시했다. 연령, 사회 계층, 민족, 고용 형태, 생활 상황 및 가족 지원의 근접성 등의 측면에서 다양성을 고려하여 코호트를 구축했다. 특히 코호트의 연령대가 넓었는데, 임신 당시 나이가 15세에서 48세까지 다양했다. 또한 연구진은 이 여성들이 출산할 당시의 대중적인 모성 문화에 대한 통찰을 제공하는 다양한 문헌 자료를 수집함으로써 특정한 사회・역사적 맥락을 고려하여 연구를 추진하고자 했다.

후속 인터뷰를 위해 연구진은 기준선 관련 사례에서 12명의 엄마를 선정했다. 이들이 12개의 세대 간 가족 구성원 집단(가계)을 모집하는 출발점이 되었다. 각 집단에는 조부모, 증조부모, 배우자가 포함되었다. 이 연구의 재연구에서는 「시간 풍경 연구(Timescapes Study)」의 일환으로 자금을 지원받아 12개 가족 집단 중 6개 가족을 선정하여 두 번의 추가 인터뷰를 실시했다. 이러한 방식으로 연구진은 연구가 진행됨에 따라 사례를 변경했다. 가계의 수가 광범위한 역사적 변화 과정을 분석하기에는 너무 작았지만, 기준선 관련 사례를 통해 현대 모성의 '게슈탈트(gestalt)'를 탐색할 수 있었고 세대 간 샘플링을 통해 가족관계의 변화 양상에 대한 통찰을 얻을 수 있었다.

전반적으로 앞에서 언급한 예들은 질적 종단연구에서 시간적 샘플링의 유연성과 창의성을 보여 준다. 시간은 샘플링 과정을 복잡하게 만들지만, 동시에 풍부하게 만들 수도 있다. 시간은 탐구의 깊이와 폭 사이의 균형에 영향을 미치고, 사례를 언제 어떻게 변화를 줄지에 대해서도 영향을 준다. 또한 증거의 비교와 종합이 이해되는 방식을 형성하기도 한다(이 주제에 대해서는 제5장에서 좀 더 자세히 다룸). 생애사적 · 세대적 · 역사적 시간을 통해 샘플링하고 다시 샘플링하는 방법론적 특징은 질적 종단연구 설계 방식에 풍부한 유연성을 제공한다. 이런 유연성으로 인해 다른 하위 사례들을 다양한 템포, 다양한 시간 프레임으로 추적할 수 있다. 전망적 또는 회고적으로 수집된 자료, 광범위한 비교 또는 심층적인 사례 연구를 위해 생성된 자료를 아우르면서 읽거나 두루 활용함으로써, 제2장에서 설명한 시간의 미시-거시 궤적에 창의적으로 관여하는 것이 가능해진다. 시간적 샘플링과 재샘플링은 질적 종단 자료의 생성과 분석에서 중요한 기반이 되기 때문에 신중하게 생각하고 계획해야 하는 복잡한 과정이다.

나오며

이 장에서는 연구 설계와 샘플링에 중점을 두고 질적 종단연구 실행의 개요에 대해 살펴보았다. 질적 종단연구에서 연구 설계와 샘플링은 시간적 과정에 효과적으로 참여하는 데 필요한 엄밀함의 일부이므로, 그 과정에서의 창의성과 유연성을 강조했다. 연구 과정은 그 자체로 연구가 전개됨에 따라 항해하고 기록해야 하는 여정이 된다. 전반적인 연구 과정은 시간적으로 설정된 연구 질문과 개념적 로드맵을 기반으로 방향이 설정된다. 전망적 설계와 회고적 설계 간의 균형, 집중적 시간 프레임 및 템포, 확장적 시간 프레임 및 템포 간의 균형을 포함하여 질적 종단연구 설계의 시간적 논리에 특별히 주의를 기울여 설명했다. 연구의 범위를 일관되게 유지하기 위해서 기준선과 종료 지점을 명확히 하는 것의 필요성을 포함하여 탐구하고자 하는 과정을 반영하는 유연한 템포의 중요성도 살펴보았다.

시간을 통한 샘플링은 사례, 주제, 시간을 가로질러 작업하고 조사의 폭과 깊이의 균형을 위한 다양한 방법을 모색하는 시간적 논리에 의해 뒷받침된다. 합목적적 샘플링의 기본과 이것이 질적 종단연구에서의 연구 참여자 규모, 사례의 폭과 깊이에 대해 의미하는 바를 논의했다. 연구를 '키우거나' 또는 '줄이기' 위해 시간이 지남에 따라 의도적으로 재샘플링하는 과정을 포함하여 시간적 샘플링의 세부 내용을 살펴보았다. 마지막으로 종단 패널과 코호트의 특성 및 유용성을 검토하고, 복수의 세대 코호트 또는 가계를 샘플링하는 것의 가능성을 탐색했다. 이러한 설계와 샘플링 관련 기본적인 이슈는 시간이 지남에 따라 질적 종단연구를 실행하고 개선하는 기초가 되므로, 이번 장에서는 연구 설계와 샘플링에 대한 기본적인 이슈에 주의를 기울이고 시간적 차원에서 생각하는 것의 중요성을 강조했다.

제4장

함께 걸어가기: 윤리적 관계 유지하기

들어가며

질적 종단연구의 '동시적(real time)' 특성은 연구 참여자 패널과 **'나란히 함께 걷는**(walking alongside)' 과정에 비유되어 왔다(Neale & Flowerdew, 2003). 이 '나란히 함께 걷는' 이미지는 연구자들이 연구 참여자의 일상에 밀접하게 동행할 가능성이 높은 종단적 문화기술지의 맥락에서 더욱 특별한 의미를 갖는다(Burton, Purvin, & Garrett-Green, 2009; Corsaro & Molinari, 2000 참조). 이는 문자 그대로 여행하는 자로서 함께 걷는 것을 뜻한다(Gordon & Lahelma, 2003).[1] 또한 이 이미지는 자료 수집 현장에서 연구 참여자와 연구

1) 이는 질적 연구 중 '연구방법으로서의 걷기(walking methodologies)'에 해당하기도 함. 이 연구방법은 연구자가 연구 참여자 인생의 특정 지점에 들어가서 함께 생활하며 유동적이고(mobile) 경험적인 데이터를 수집하는 기술임. 이러한 데이터 수집은 몇 시간 동안 집중적으로 이루어질 수도 있고, 장기간 동안 현장을 조사하면서 간헐적으로 이루어질 수도 있음(Thomson, 2012; Bates & Rhys-Taylor, 2017).

자가 함께하는 만남의 강도나 연속성과 상관없이 보다 일반적인 차원에서 질적 종단연구에 많은 의미를 부여한다. 질적 종단연구의 역동적인 속도, 반응적이고 관계적인 속성, 그리고 시간의 흐름에 따라 삶이 어떻게 전개되는지에 대한 중요한 관심을 포착하는 데 유용한 은유이다(Neale & Flowerdew, 2003). 질적 종단연구의 중심에 자리하는 감성(sensibilities)을 고려할 때, '함께 걷는다는 것'은 연구 참여자를 추적한다는 도구적인(아마도 약탈적인) 개념을 대체할 수 있는 적절한 대안을 제공하기도 한다.

이 장에서는 연구 참여자 패널과 함께 걷는 복잡한 과정을 살펴본다. 이를 위해 우리는 질적 종단연구 참여자를 모집하고, 이들의 참여를 유지하기 위해 필요한 전략에 대한 논의를 시작한다. 그다음, 시간이 지난 후 행방을 알 수 없어진 연구 참여자를 다시 찾는 도전적인 과제에 대해 알아본다. 이 장의 논의가 진행됨에 따라 이러한 과정 안에 내포된 윤리적 지형이 드러나기 시작할 것이다. 질적 종단연구에서 연구자가 연구 참여자와 관계를 유지하는 것과 연관된 구체적인 고려 사항에 대해서도 함께 이야기할 것이다.

장기간 참여할 연구 참여자의 모집과 패널 유지하기

질적 종단연구는 연구에 장기간 참여할 패널을 모집하고 유지할 수 있는지의 여부에 좌우된다고 할 수 있다. 따라서 목표는 패널이 이탈하는 과정에서 사례의 유실을 최소화하는 것이다. 연구에 참여하기를 거부하거나 참여에 실패하는 이유는 다양하며, 그 이유 중 대부분은 연구자의 통제 범위를 벗어난다. 예를 들어, 전근, 이직, 개명, 전화번호 변경, 가족이나 이웃과의 관계 단절, 또는 질병, 사망 등 연구 참여자의 상황이 바뀌면서 연락이 끊길 수 있다(Farrall et al., 2016). 때로는 연구 참여자들이 자신의 삶에서 특별한 어려움을 겪고 있는 경우에 연구 이탈이 가장 분명하게 나타나기도 한다(Harocopos & Dennis, 2003). 사람들이 더 나은 삶을 살기 위해 과거를 잊고자 할 때도 패널 이탈이 발생할 수 있다(Farrall et al., 2016).

대규모 종단연구에서 허용 가능한 연구 참여자의 감소율이 어느 정도인지에 대한 여러 견해가 있으나(5~30% 범위; Desmond et al., 1995), 이는 연구가 진행되는 기간과 균형을 이루어야 한다. 예를 들어, 20년이 넘는 연구에서 75%의 패널 유지율을 갖는다면 이는 중요한 성과로 간주된다(Elliott, Holland, & Thomson, 2008). 그러나 상대적으로 소규모인 질적 종단연구에서는 소수의 탈락도 표본에 상당한 영향을 줄 수 있으며, 조사 중인 연구 참여자의 경험 간 균형을 실질적으로 바꿀 수도 있다(Farrall et al., 2016). 예를 들어, 의료 또는 사회복지 프로그램의 영향을 분석하려면 해당 지원과 관련된 다양한 경험과 반응을 가진 패널이 필요하다. 이러한 연구에서 패널의 손실은 표본을 긍정적이거나 부정적인 경험 쪽으로 왜곡시켜 근거의 견고성(robustness)에 영향을 미치는 편향을 만들 수 있다(Desmond et al., 1995; Harocopos & Dennis, 2003).

이를 보완하는 한 가지 방법은 시작할 때 과잉 샘플링을 하는 것이다. 이럴 경우 연구자가 가진 자원(resources)의 범위를 무리하게 넘지 않도록 주의해서 수행해야 한다(Calman, Brunton, & Molassiotis, 2013). 시간이 지남에 따라 연구 참여자 사례를 유지하고 재방문하는 것과 관련된 방법론적 어려움은 모든 종단연구에서 공통적으로 드러난다. 특히 연구자가 소외된 집단을 연구하거나 몇 년의 시간이 지난 후 '잃어버린(lost)' 표본을 다시 추적하는 것이 목표인 경우에는 이와 관련한 이슈가 발생할 수도 있다(Dempster-McClain & Moen, 1998; Farrall et al., 2016; Laub & Sampson, 2003; Miller, 2015; O'Connor & Goodwin, 2012). 또한 연구의 대상이 가족이거나 조직인 경우에는 더욱 복잡한 문제가 발생한다. 왜냐하면 이런 경우 연구에 대한 해당 집단의 헌신과 동의가 유지되어야 하기 때문이다(Taylor, 2015). 이러한 문제를 극복하기 위해 연구자들이 사용하는 전략을 다음과 같이 소개한다.

연구 참여자 모집

연구 참여자들과 연락을 유지하기 위한 전략은 연구 참여자 모집 계획에서부터 준비되어야 한다. 연구 현장에 들어가기 위한 준비는 어떻게 그 현장에 접근할 것인지에 대한 협상방법은 물론 연구 참여자가 될 수 있는 대상 및 '**게이트키퍼**(gatekeeper)'와 어떻게 관계를 발전시킬 수 있을지에 대한 내용을 포함해야 한다. 전통적으로 연구 참여자 모집은 연구를 설명하는 전단지와 편지를 통해 이루어진다. 이 과정은 연구와 연구 참여자를 소개해 줄 수 있는 기관이나 기관의 핵심 직원을 통해 시작되기도 하고, 또는 보다 직접적인 접근 방식(만나서 또는 전화, 인터넷 등)을 통해 시작될 수도 있다. 제3장에서 다루었듯이, 질적 종단연구자는 문화기술지적으로 연구자가 현장에 참여하는 기간을 통해 연구를 시작하거나, 심층 인터뷰를 하기 전에 먼저 초점집단(focus group)을 구성함으로써 시작할 수 있다. 이러한 방법들은 본격적으로 연구 참여자 패널을 모집하기 전에 연구 참여자들을 알아 가고, 신뢰와 라포를 구축하며 질적 종단연구를 소개하는 효과적인 방법이다. 또한 이러한 방법들은 시간이 지남에 따라 패널을 유지하기 위해 필요한 연구 참여자들의 소속감과 집단 정체성(group identity)을 갖도록 하는 데 도움이 될 수 있다. 그러나 장기적인 연구에 참여할 사람을 찾는 것은 간단하지 않다. 예를 들어, 가족이나 조직을 단위로 연구 참여자를 모집하려면 관련된 모든 사람과 협상하는 데 오랜 시간이 걸릴 수 있다(Taylor, 2015). 이동이 잦은(transient) 집단이나 소외된 집단을 연구하거나, 언어적 의사소통이 지배적인 환경에서 연구하는 것도 어려움을 동반할 수 있다. 이러한 상황에서는 연구 참여자의 사회적 관계(가족, 친구, 핵심 직원 등)를 통해 계속 연락해도 될지 허락을 받는 것이 좋다. 연락처 목록을 문서로 만들어서 연구 참여자의 개인정보(성명 및 생년월일 포함), 선호하는 연락 수단, 일부 가족이나 친구의 연락처 정보를 기록해 둘 수도 있다(McNaughton, 2008). 그리고 이러한 문서는 연구를 위해 참여자를 만날 때마다 연락처 세부 정보를 확인하고 업데이트하는 데 사용할 수 있다. 모집 경로가 어떠하든, 연구 기간, 장기간 연구에 참여하는 것에 대한 약속, 앞으로 언제 연구 참여자에게 다시 연락할지 등을 명확히 하는 것이 가장 좋다. 연구 참여자가 장기적으로 진행되는 연구의 성격을 인지하고 충분한 정보를 제공받은 상태에서 연구 참여에 대한 선택을 할 때 패널 이탈을 예방할 수 있다(Desmond et al., 1995).

연락을 유지하기 위한 전략

기존의 연구 참여자와 연락을 유지하기 위해서는 다양한 기술을 사용할 수 있다. 안부를 묻는 카드와 함께 연구에 대한 편지나 소식지를 보내는 것이 일반적인 전략이다. 이는 추후에 문자를 보내거나 전화 통화를 하거나 가정에 방문하는 것과 같은 비공식적 후속 조치를 취할 수 있는 기반을 제공한다. 점점 더 많은 연구자는 이러한 목적을 가지고 웹 기반의 연락 방법(이메일 및 페이스북과 같은 소셜 네트워킹 사이트)을 사용하고 있다. 온라인을 통한 연락은 속도, 용이성, 상대적으로 저렴한 비용 등의 장점을 갖고 있다. 따라서 연구 현장에서 유연하게 대응할 수 있는 방법이자 연구 참여자와 연락을 유지하면서도 질적 종단연구의 높은 비용을 절감할 수 있는 유용한 수단이 될 수 있다. 연구 프로젝트를 위해 페이스북 페이지를 만들거나 사람들을 하나의 집단으로 모으는 것은 패널 구성원 간 집단 정체성과 소속감을 조성하고 유지하는 데 도움이 될 수 있다.

그러나 이러한 전략들은 연구 참여자의 필요에 맞게 조정되어야 한다. 이 같은 일반적인 기술은 패널들이 삶의 어려운 전환기를 겪고 있거나, 안정된 주거지가 없는 경우, 정기적으로 인터넷이나 휴대전화 사용이 불가한 경우에는 적용하기 어렵다. 이러한 상황에서 연구자들은 종종 다음 면담의 세부 사항과 함께 자신의 연락처를 연구 참여자에게 남기고 필요할 때마다 연락하도록 안내하기도 한다(Harocopos & Dennis, 2003; Williamson et al., 2014). 패널 구성원이 원할 때 언제든지 접근할 수 있는 방문센터를 준비하는 것도 고려해 볼 수 있다. 방문센터는 연구 참여자의 관심을 유지하거나 연구에 다시 참여하도록 유도하기 위해 다양한 종류의 지원이나 치료(테라피) 등을 제공할 수도 있다(Conover et al., 1997). 이처럼 연구자의 창의성은 얼마든지 발휘될 수 있다. 예를 들어, Hagan과 McCarthy(1997)는 연구 초기에 연구 참여자인 노숙자에게 사진을 찍을 수 있도록 허가를 구했고, 이를 사용하여 자주 이동하는 연구 참여자가 어디 있는지 위치를 찾는 데 활용했다. 특히 저소득층에 속하는 연구 참여자들에게 물질적 보상을 제공하는 것은 적어도 연구 초기 단계에서 사람들을 연구에 끌어들이는 인센티브 역할을 할 수 있다. 대가를 지불하는 것은 연구자와 연구 참여자 사이의 관계를 전문화하는(professionalize) 방법으로 받아들여질 수 있다(Harocopos & Dennis, 2003). 최근의 몇몇 연구에서 질적 종단연구자들은 연구 참여자들에게 20프랑의 상품권(구체적인 생애사 인터뷰에 참여하거나 일기를 작성하는 경우 50프랑)을 제공했으며, 식사나 인터뷰를 위해 이동하는 데 드는 교통비 또는 택시를 제공하기도 했다(Bytheway, 2012; Neale et al., 2015). 이러한 대가의 제공은 연구의 계획 단계에서 예산에 반영되어야 한다.

현장 조사에 문화기술지적 요소를 구축하는 것은 라포를 형성하고 연락을 유지하거나 관계를 유지하는 데에도 매우 효과적이다(Hemmerman, 2010). 여기에는 연구 참여자나 가족 구성원의 집을 비공식적으로 방문하는 것이 포함될 수 있다. 또는 연구 참여자의 사회적 관계와 관련된 이벤트에 참석하거나 주변 지역을 방문하는 것도 포함된다. 이러한 상황에서 유연하게 대처해야 하며 언제든 현장의 상황에 대응할 준비가 되어 있어야 한다. 특히 추후에 진행하기 어려운 면담 약속을 하기보다는 갑자기 만나자는 연락이 오더라도, 또는 현장에서 갑자기 면담이 실시되더라도 기꺼이 면담을 수행할 의지가 있어야 한다(Williamson et al., 2014). 현장을 자주 방문하여 현장 조사를 충분히 하는 것은 소외된 집단이나 인터넷, 휴대전화를 통한 접근이 제한된 사람들과의 접촉을 유지하는 데 도움이 될 수 있다(Calman, Brunton, & Molassiotis, 2013; Dempster-McClain & Moen, 1998; Williamson et al., 2014).

게이트키퍼 및 실무자와 협력하기

장기간 질적 종단연구의 사례를 유지하기 위해 게이트키퍼 조직(gatekeeper organizations) 또는 연구협력진(practice partners)과의 관계를 구축하고 유지하는 것은 필수적이라 할 수 있다(Pollard & Filer, 1996). 그러나 실무자들(practitioners)의 장기적인 헌신이 반드시 유지되는 것은 아니다(Saldana, 2003; Ward & Henderson, 2003). 전문직 종사자들의 이직, 공공 영역이나 자원봉사로 이루어지는 영역에서의 불안정한 단기 자금 조달 상황이 여러 제약사항으로 작동하기도 한다. 몇 달 또는 몇 년에 걸쳐 힘들게 만든 실무자와의 관계가 하룻밤 사이에 뒤바뀔 수도 있다. 이렇게 되면 연구자는 연구의 설계를 바꿔야 할 수도 있고, 연구에 관심이 없으며 연구 참여자에 대해 알지도 못하는 신입 직원과 함께 연구를 새로 시작해야 하기도 한다(Pollard & Filer, 1996; Ward & Henderson, 2003).

그렇지만 지속적이고 전문적인 지원을 얻을 수 있는 경우에는 큰 도움이 된다. 예를 들어, 「어린 아버지 추적 연구(Following Young Fathers Study)」에서는 현장전문가가 프로젝트의 연구협력진이 되었다. 그는 상대적으로 이동이 잦으며 소외된 집단의 젊은 남성들을 연구에 참여하도록 모집하고, 연구가 진행되는 동안 연구자와 연구 참여자 사이를 연결하는 데 핵심적인 역할을 했다[때때로 그는 거리에 있는 연구 참여자를 찾아서 면담에 데려오기도 했다(Neale et al., 2015)]. 해당 연구에서는 실무자에게 그러한 역할을 할 수 있도록 시간과 자원을 제공했다. 연구의 시작 단계부터 연구의 성격을 명확히 하고 실무자에게 요구되는 장기간의 헌신에 대해 협의한 것이 도움이 되었다. 이러한 경로를 통해 모집된 패널의 탈락률은 여타의 기관을 통해 모집된 패널의 탈락률, 즉 상대적으로 전문적 지원이 일시적이었고 패널이 비인격적인 경로로 모집되었을 때의 탈락률에 비해 매우 낮았다(Neale et al., 2015).

광범위한 기간에 걸쳐 연구 참여자를 재추적하기

패널이 마지막으로 소집된 이후 상당한 시간이 경과하거나 이전 연구자들이 수행한 기존 연구의 사례를 다시 찾는 것이 목표인 경우, 연구 참여자를 새로운 연구에 참여하도록 초대하기 전에 우선 패널을 다시 추적해야 한다(Dempster-McClain & Moen, 1998; Farrall et al., 2016; Miller, 2015; O'Connor & Goodwin, 2012). 앞서 제시된 실용적인 전략들은 모두 이러한 목적을 위해 사용될 수 있다. 단순히 주변에 그 연구 참여자에 대해 물어보는 것이 매우 어려운 경우, 마지막으로 알려진 주소나 연락처에 편지를 보내는 것부터 시작하여 전화 통화와 현장 방문을 하는 것 모두 효과적일 수 있다(Dempster-McClain & Moen, 1998). 그러나 이러한 전략이 실패할 경우, 연구자들은 인터넷 기술과 소셜 미디어를 기반으로 하는 다양한 추적 기술을 활용할 수 있다(Farrall et al., 2016; Miller 2015). 예를 들어, 전화번호부와 유권자 등록 명단은 온라인으로 제공될 가능성이 높다(영국에서는 www.192.com을 통해 선거인 명부를 확인함). 사람의 이름, 직업, 여가 활동 또는 관심사를 사용하여 구글이나 페이스북에 검색할 수도 있다. 또는 회사 등록부나 특정 조직 또는 커뮤니티의 웹사이트를 검색할 수도 있다(Farrall et al., 2016; Miller, 2015). 과거 면담 기록을 다시 열어 보면 이 같은 단서를 찾아내는 데 도움이 된다.

40년 전에 수행된 유산(legacy) 프로젝트의 일환으로 사람들을 추적하는 과정에서 O'Connor와 Goodwin(2010)은 지역 커뮤니티와 현재는 없어진 친구 찾기(Friends Reunited) 웹사이트를 통해 패널에게 다시 연락할 수 있었다. 또한 그들은 지역의 출판물과 뉴스 매체에 연구가 다시 시작된다는 것을 광고하여 사람들의 참여를 독려했지만 이러한 간접적인 접근 방식은 효과적이지 않았다. 그러한 전략이 실패할 경우, 출생, 결혼, 사망 및 사망 기사 기록을 확인할 수 있다(Farrall et al., 2016). 다른 방법으로는 보건, 복지, 고용 또는 교육기관, 교회, 지역의 사회단체 또는 형사 사법 시스템이 보유한 연구 참여자에 대한 기록을 찾아볼 수 있다. 연구자들은 이러한 다양한 경로를 사용하여 원래 표본의 절반 이상을 추적했다고 보고하고 있다(Dempster-McClain & Moen, 1998; Farrall et al., 2016; Miller, 2015). O'Connor와 Goodwin(2010)은 40년이 지난 후에도 500명의 연구 참여자 하위 표본에서 157명을 추적하여 97회의 인터뷰를 진행했다. 그러나 이 경우, 연구자들이 혼인 기록을 통해 변경된 이름을 추적하려고 노력했음에도 불구하고 면담참여자 중 여성은 단 10명뿐이었다.[2] 이처럼 연구 참여자를 추적을 위한 도구 사용은 사례에 추가적인 편향을 가져올 수 있지만 연구자가 이전 연구를 역사적으로, 또한 생애사적(biographical)으로 확장하는 데는 분명히 효과적이다.

언제 포기해야 하는가

시간이 지남에 따라 질적 종단연구의 표본을 추적하고 유지 및 관

2) 역자 주: 이 연구가 수행된 영국의 경우, 여성은 혼인을 기점으로 성(last name)을 남편의 성으로 바꾸는 경우가 많음.

리하는 데 사용할 수 있는 기술들과 이러한 작업에 필요한 시간, 자원 및 체력의 소모가 연구자에게 부담스러울 수 있다. 예를 들어, Farrall과 동료들(2016)은 그들의 연구에서 199명의 보호관찰자 표본을 추적하고 다시 연락하는 데 2년이 넘는 시간을 보냈으며, 이 과정은 50% 정도 성공했다. 이와 같은 노력을 위해서는 할당된 예산뿐만 아니라 종단연구에 정통한 숙련되고 유연하며 헌신적인 연구자가 필요하다(Calman, Brunton, & Molassiotis, 2013; Farrall et al., 2016; Williamson et al., 2014). 실제로 질적 종단연구의 표본을 유지하거나 연구 참여자들을 찾아내기 위해 인내, 독창성 및 끈기가 필요할 수 있다. 일부 연구자는 도움을 주는 실무자와 친구에게 연구 참여자를 찾는 데 드는 비용을 제공하거나 에퀴팩스(Equifax)와 같은 추적 기관에 맡긴다(Dempster-McClain & Moen, 1998; Molloy, Woodfield, & Bacon, 2002). 그러나 Molloy와 동료들이 지적하듯, 그러한 방법은 연구의 보안사항을 위반할 수 있다. 또 다른 방법으로는 계약직 연구원이 성공적으로 표본을 추적할 경우 보너스를 제공할 수도 있다(Bootsmiller et al., 1998).

연구자들은 연구 참여자를 추적하는 활동을 할 때 자신을 아마추어 탐정으로 묘사하기도 한다(Miller, 2015; Warin, 2011: 24). 그러나 이는 연구자가 수상쩍은 '스토킹' 행위 또는 강압적 행동을 하는 것으로 보일 수도 있다. 연구자들은 당연히 이에 대해 양가적인 감정을 느낄 수 있으며, 같은 이유로 '추적자(tracker)'와 '피식자(prey)' 사이의 권력 불균형을 의미하는 '추적(tracking)'이라는 개념 자체를 회피할 수도 있다(Miller, 2015; Williamson et al., 2014). 따라서 '재방문'

또는 '함께 걷기'라는 표현이 논쟁의 여지가 적다. 이와 같은 윤리적 고민은 연구자가 사람을 추적하거나 그렇게 하는 노력에 제한이 있어야 한다는 원칙을 다시 강조하도록 한다. 즉, 연구의 표본을 유지하거나 활성화하려는 방법들은 사람들의 사생활을 존중하려는 윤리적 고려와 조화를 이루어야 한다(이 문제는 다음 절에서 자세히 설명할 것이다). 이러한 이유로 질적 종단연구자들은 일반적으로 후속 인터뷰 요청을 2회 이하로 한다. 두 번째 요청할 때는 더 이상의 연락이 이루어지지 않을 것임을 명확히 하되, 연구 참여자들이 나중에 연구에 다시 참여하고 싶은 경우 연락하도록 안내한다(Farrall et al., 2016).

관계 유지

연구 참여자를 유지하는 과정의 양면성이나 시간과 자원에 상당한 헌신이 필요함을 고려할지라도, 대부분의 질적 종단연구자가 상대적으로 낮은 연구 참여자 탈락률을 보인다는 점은 연구자들을 안심하게 한다(마약 사용자와 같은 소외된 그룹 대상일 때에도 마찬가지임; Desmond et al., 1995). 사례 관리는 일반적으로 대규모 종단연구보다 질적 종단연구에서 문제가 적게 발생한다. 이러한 현상은 연구를 통한 만남의 본질적인 성격을 통해 설명할 수 있다. 연구를 통한 만남은 사람들의 삶을 이해하고 그들의 세계관을 존중하려는 **지속적인 대인관계의 과정**이다. 또한 이는 연구 참여자들에게 면담 방식이나 의사소통 방식, 누가 면담에 동석할지에 대한 선택권을 주는 것이나 가급적 연구자의 연속성을 보장하는(또는 그렇지 않은 경우, 이전에 만난 연구자와 이후에 만날 연구자가 함께 만나거나 효과적으로 인계하는) 등 만남의 세부 사항에 주의를 기울이는 것을 의미한다. 전반적으로 질적 종단연구는 표본을 유지하는 과업을 **관계를 유지하는 과업**으로 바꾼다(Neale, 2013). 연구 참여자에 대한 연민과 존중의 원칙을 유지하려면 연구자가 그들을 먼저 사람으로, 그다음 연구 참여자로 인식해야 한다(Williamson et al., 2014: 82). 예를 들어, Williamson과 동료들은 연구에 돌봄과 존중의 윤리를 적용하면서 그들이 만난 여성 노숙자들의 삶에 대한 관심을 유지했으며 여성들이 연구 참여를 그만둔 이후에도 그들에게 지속적인 형태의 정서적 지원을 제공했다. 그 결과, 연구자들은 2년의 연구 기간 동안 표본의 60% 이상을 유지할 수 있었다.

질적 종단연구의 연구 참여자들이 보낸 피드백은 관계 유지가 사례를 유지하는 근본적인 가치라는 점을 강조한다. 재정적 이득이 효과적인 인센티브로 보고되는 경우가 훨씬 적다. Farrall과 동료들(2016)은 절박한 상황의 사람들이 연구에 다시 참여하도록 장려하기 위해 더 많은 금전적 보너스를 제공했지만 현저히 효과가 없다는 사실을 발견했다. 마찬가지로, Williamson과 동료들이 인터뷰한 여성 노숙자들은 연구 초기에 재정적인 이유로 참여하려고 했던 동기가 이타적인 감정으로 빠르게 바뀌었고, 패널의 일원이 된 특권을 받았다는 느낌(이는 장기 연구에서 종종 표현되는 감정이다)으로 바뀌었다고 이야기했다. 지속적인 참여 과정에서 자주 발견되는 '동기'는 곧 무언가를 갚아 주고 싶고, 비슷한 상황에 있는 다른 사람들을 돕고자 하는 것이다. 가장 중요한 점은 Williamson과 동료들(2014)이 면담한 여성들이 시간이 지남에 따라 자신의 삶을 되돌아보고 이를 연구자와 공유할 수 있다는 점에서 본질적인 만족감을 느꼈다는 것이다. 실제로 연구 참여자가 질적 종단연구 참여로 인해 받는 특권 및 소속감은 연구를 마무리하는 과정에서 어려움을 일으킬 수 있다(이에 대해서는 이후 더 논의할 예정임). 요약하면, 질적 종단 패널을 유지하기 위해 어떤 전략을 사용하든 관계적 차원이 중요한 요소가 될 가능성이 높다.

함께 걷기의 윤리

앞의 논의에서 알 수 있듯이 연구 참여자 패널과 함께 걷는 과정에는 **윤리적 고려 사항**이 포함되어 있다.[3] 연구 윤리의 기본 원칙은 연구 참여자가 완전하고 투명하게 정보를 제공받은 상태에서 연구에 자유롭게 참여할 수 있도록 하고, 연구 참여자의 비밀이 보호되며, 연구 참여자의 존엄성, 자율성 및 개인정보가 항상 존중되도록 설계하는 것이다(ESRC, 2016). 질적 종단연구는 일반적으로 새로운 윤리적 고려 사항을 제기하기보다는 연구가 수반되는 기존의 윤리적 고려 사항을 증대시킨다(McLeod & Thomson, 2009: 76). 그러나

3) 여기서의 논의는 Neale(2013)의 연구를 기반으로 함.

시간을 통해 삶을 연구하는 것은 단일 방문으로 진행하는 연구로는 이해할 수 없는 민감한 윤리적 문제와 책임을 발생시킨다(Peterson, Royce, & Kemper, 2002: xvi). 장기간 연구를 하는 문화기술지 연구의 경우, 이러한 문제는 연구 중인 공동체에서 연구자의 역할 변화에 대한 문제로 확장될 수 있다. 즉, 관찰자에서 적극적인 협력자, 옹호자로 연구자가 지역의 구조와 권력, 영향력의 차원에서 '간섭(interference)'한다는 의미를 갖는다(Peterson, Royce, & Kemper, 2002: xxx). 보다 일반적으로 말하면, 유동적이고 지속적인 연구 진행 과정은 새로운 딜레마를 만들고, 이미 확립된 윤리 원칙을 변혁적으로 사용하도록 하는 가능성을 불러일으킨다. 연구 참여자에게는 '과정 동의(consent)'에 대한 문제와 연구자와의 관계 변화에 대한 역동이 이에 해당한다. 여기에는 또한 호혜적 관계와 전문적 관계의 경계를 유지하기 위해 필요한 신중함, 개인정보 보안, 진정성, 연구 참여자 보호 및 권한 부여(empowerment)의 균형을 맞추는 새로운 방법을 찾는 것도 수반된다. 동의, 비밀 유지 및 개인정보 보호의 문제는 모두 연구가 진행됨에 따라 더욱 뚜렷해지는, '윤리적 균형을 맞추는 행위'와 관련된다.

또한 장기간의 연구는 적극적이거나 대응적인 윤리 전략에 대해 고려하는 새로운 방법을 열어 주기도 한다(Neale, 2013). 첫 번째는 절차적 또는 자문적인 성격의 것으로, 자금 지원 기관과 윤리위원회가 정한 윤리적 틀, 연구자들의 우수 사례를 통해 만들어진 축적된 지식 체계를 통해 구성된다. 두 번째는 상황적이거나 창발적인 윤리적 관행이다. 이는 상황에 따라 다르다는 특징을 지니며 연구가 진행되는 지역 상황에 대한 민감한 평가를 기반으로 한다(Edwards & Mauthner, 2002: 27; Guillemin & Gillam, 2004; Warin, 2011). 물론 적극적 전략과 대응적 전략은 광범위하게 상호보완적이며 둘 다 필요하다. 그러나 예상치 못한 사건, 변화하는 상황, 새로운 윤리적 딜레마가 시간이 지남에 따라 나타날 가능성이 더 크다는 점을 감안할 때 상황 윤리(situated ethics)는 종단연구에 특별한 의미가 있다. 연구가 진행됨에 따라 연구자들은 변화하는 윤리적 환경을 탐색하게 될 가능성이 높다. 개별 패널 구성원이나 다양한 하위 표본(sub-sample)의 요구와 주장은 시간이 지남에 따라 많아질 것이며 연구자는 이에 유연하게 대응해야 한다. 또한 시간이 지남에 따라 더 넓은 범위의 개인 및 조직(연구자, 기관, 데이터 재사용자부터 가족 구성원 및 실무자까지)이 이러한 윤리적 과정에 관련될 수 있다. 비록 윤리적 의사결정에서 동일한 비중을 차지하지는 않지만, 이들의 다양한 요구와 주장에 대한 새로운 접근은 필요하다. 연구 과정의 주요 '이해관계자'이자 여기서 주목해야 하는 주요 초점은 연구 참여자이다. 다음에서는 사전 동의, 비밀 유지(confidentiality), 호혜성, 개인정보 보호, 참여 범위 및 프로젝트의 윤리적인 종료 문제를 살펴본다.

과정 동의

질적 종단연구에서 연구에 대한 충분한 정보를 제공한 후 받는 **동의**(consent)는 일회성 이벤트가 아닌 지속적인 과정(ongoing process)이다(Saldana, 2003: 24; Thomson & Holland, 2003). 동의를 서면으로 구하든, 처음에 구두로 기록하든, 연구 과정에서 이를 재검토해야 하며, 이상적으로는 상호 신뢰가 어느 정도 발전한 시기에 이루어지는 것이 좋다. 이는 연구 참여자를 만날 때마다 또는 주요 시기별로 연구 참여자들과 탐색적이고 유연한 대화를 함으로써 이루어질 수 있다. 현장 연구자의 연속성은 이 과정을 촉진하는 데 도움이 될 수 있다. 과정 동의는 몇 가지 도전적인 문제를 발생시킨다. 연구의 향후 방향이 유동적이고 변경될 수 있다는 점은 매번 동의에 필요한 정보가 다를 수 있다는 것을 의미하고, 지속적으로 연구 참여 동의를 재검토하는 것은 연구 참여자에게도 부담이 된다. McLeod와 Thomson(2009: 74)은 연구 참여자들이 각 면담에 동의할 수는 있지만 그들이 제공하는 데이터의 누적된 힘과 시간이 지남에 따라 자신이 무엇을 드러낼 수 있는지에 대한 감각을 갖지 못할 가능성이 있다는 점을 관찰했다.

연구가 진행됨에 따라 연구 참여자가 계속 참여하기로 결정할지 여부를 자유롭게 선택할 수 있도록 하는 고려가 필요하다. 시간이 지남에 따라 연구자와 연구 참여자 사이의 관계에서 신뢰와 친숙함 또한 커지기 때문에 착취적인 관계가 되지 않도록, 또한 은연중에 계속 연구에 참여하라는 강압이 가해지지 않도록 하는 것이 중요하다(Holland et al., 2006: 28). 연구 참여자가 참여를 거부하는 경우, 연구의 과정이 유연하게 운영된다면 나중에 연구에 다시 참여할 수 있는 선택지를 제공할 수 있기에 연구에 큰 도움이 된다. 현장에서의 이러한 유연성은 현장 조사 시기가 연구 참여자의 삶이 변화하는 상황과 잘 맞지 않을 때 연구 참여자들의 부담을 덜어 줄 수 있다. 가족이나 실무자와 같은 '게이트키퍼'가 모집 과정에 참여하는 경우나 연구 참여자가 집단으로 포함되는 경우, 개인이 자유롭게 동의하고, 참여를 강요받거나 참여에서 제외되지 않도록 주의가 필요하다(Miller & Bell, 2002; Warin, 2011: 54-55).

동의를 받기 위한 정보 제공 방법을 어떻게 할지에 대해서도 주의 깊은 고려가 필요하다. 전반적으로 패널 구성원에게 연구의 목표에 대해 처음부터 투명하게 공개하는 것이 좋다. 구체적으로 요구되는 장기적인 헌신, 비밀을 보호하기 위한 조치, 예상되는 결과 또는 영향, 데이터 보관 및 재검토 계획 등이 있다. 여기에는 재연구를 수행하려는 기존 또는 새로운 연구팀이 시간이 지난 후 연구 참여자에게 연락할 가능성도 포함된다. 마지막으로, 일부 연구 환경에서는 드러나지 않은 동기에 대한 우려를 가라앉히고 연구 목적에 대해 지속적으로 명료화하거나 재보증을 해야 할 수도 있다. 특히(그리고 다음에 설명된 호혜성 원칙에 관계없이) 사회조사(social research)의 목표 및 수행이 '개입' 또는 '지원'과 어떻게 다른지, 그리고 지역사회에 '원하는' 변화를 일으키는 데에는 제한된 능력이 있음을 명확히 할 필요가 있을 수도 있다('예상하는' 결과보다는 '희망하는' 결과라고 하는 것이 가장 좋은 표현임; Morrow, 2013; Wiles, 2013; www.ethicsguidebook.ac.uk).

이와 유사하게, 연구 참여자를 위한 '감사'의 선물과 관련해서도 이것이 보상으로 간주되는지, 아니면 강압적 효과를 가지는 인센티브 또는 보수(payment)로 간주되는지 여부(Morrow, 2009)에 대한 문제도 발생한다. 앞에서 살펴본 것처럼, 그러한 선물은 사람들을 연구에 참여시키는 데 매우 도움이 될 수 있다. 반복되는 면담을 통해 연구 참여자들은 연구에 계약적 요소와 같은 보상을 기대하게 된다. 그럼에도 불구하고 질적 종단연구에 수반되는 장기적인 노력과 심층 인터뷰에 필요한 시간을 고려할 때, 경제적 차원의 착취를 피하는 것 역시 중요하다. 특히 저소득 연구 참여자의 경우 일부의 보상(some reward)이나 보답(recompense)는 충분히 정당하다. 바우처(voucher)도 호혜적인 보상에 있어서 중요한 요소가 될 수 있다. 그러한 보상 제공에 대해 처음부터 투명하게 하고 연구 참여자들에게 보상의 목적을 명확하게 설명하면 연구에 대한 강제성을 피하는 데 도움이 된다.

비밀 유지, 진정성 및 권한 공유

연구자가 연구 참여자에 대한 식별 가능한 정보를 제3자에게 공개해서는 안 된다는 것이 윤리 프로토콜과 영국 「데이터 보호법(Data Protection Act)」(1998)에 구현된 사회조사의 기본 원칙이다(Moore, 2012; Wiles, 2013). 비밀 유지에 대한 약속은 일반적으로 사전 동의를 통해 이루어지며 이를 통해 연구 전개 방식에 대한 기준이 설정된다. 이 단계에서 비밀 유지를 재확인하는 것은 연구 참여자가 자신의 '모든' 설명, 견해 및 경험이 연구 영역 외부의 다른 사람에게 공개될 것이라는 두려움 없이 자유롭게 말할 수 있도록 하는 데 중요한 기능을 한다. 이는 결과적으로 연구 참여자의 편에서 연구의 의미와 신뢰성을 향상시킬 수 있다. 그러나 시간이 지남에 따라 공개의 위험이 확대되면 신뢰성 유지가 어려울 수 있다. 개인의 삶에 대한 풍부한 자료의 누적적 생성은 연구 참여자의 독특한 기록을 담고 있으며, 이는 연구 참여자의 정체성, 지역 및 생활 환경을 점점 더 드러낸다(Hughes, 2011). 따라서 재방문을 위해 연구 참여자에게 다시 연락하는 간단한 과정조차도 주의해서 처리해야 한다(Laub & Sampson, 2003; Miller, 2015). 편지, 페이스북 메시지 또는 전화 메시지는 연구 참여자가 자신을 공개하기를 원하지 않는 경우, 더 이상 기억하고 싶지 않은 과거나 최근 생활의 구체적인 내용을 제3자에게 실수로 공개하도록 할 수 있다. 이러한 상황에서는 연구 자체를 논의하기보다 연구를 암시(allude)하는 것이 가장 좋을 수 있다(Harocopos & Dennis, 2003).

가족, 조직, 소규모 공동체와 같이 집단이 관련된 연구에서는 비밀 유지 문제가 더욱 커진다. 시간이 지남에 따라 연구 참여자 사이에서 정보가 유출되거나 공개될 위험이 증가하기 때문이다(Harden et al., 2010; MacLean & Harden, 2012; Reiss, 2005). 내부 비밀 유지에 대한 문제는 모든 집단 기반 연구에 고질적으로 존재한다(Macmillan et al., 2012; Taylor, 2015). 그러나 질적 종단연구의 경우, 공유 웹 공간이나 초점 집단 또는 패널 구성원을 하나로 모으는 기타 이벤트를 통해 연구 참여자 패널 전반에 걸쳐 집단 정체성이 형성되는 경우가 있다. 이는 연구 참여자들의 참여를 유지하기 위한 일반적인 전략이지만(앞에서 다룬 내용 참조), 연구 참여자들이 내부의 비밀 유지를 약속해야 한다. 이와 관련된 유용한 전략으로 동료 연구 참여자들의 정보를 공개하지 않도록 윤리적 지침을 발행하여 구성원의 약속을 받는 것이 있다(Patrick, 2012).

그러나 비밀 유지 원칙은 진정성 및 권한 부여(empowerment)에 대한 동등한 추구와 균형을 이루어야 한다. 즉, 비밀 유지 원칙은 연구 참여자의 진실성을 유지하려는 것, 연구 참여자가 기여한 바를 보다 공개적으로 식별하고 인정할 수 있도록 하는 점과 균형을 이루어야 한다는 것이다. 비밀 유지 원칙을 통해 자신 있게 말하는 것에서 오는 잠재적 해방감과 무관하게, 연구 참여자는 자신의 권리로서 솔직하게 이야기하고, 그렇게 한 것에 대해 인정받기를 원할 수 있다(Corden & Sainsbury 2007; Grinyer, 2009). 점점 더 데이터를 익명화하고 신원을 감추는 것이 필수적이라는 관점과 이 과정이 데이터의 진정성을 저하시키고, 학문적 의미와 과학적 가치를 감소시키며, 역사적 기록에서 지워진 연구 참여자들에게 불리하게 작용할 수 있다는 관점이 공존한다(Moore, 2012). 이러한 문제는 데이터 보호와 연구의 윤리적 · 학문적 진실성 사이에서 균형을 찾아야 하는 과제를 제기한다(Moore, 2012). 이를 해결하는 한 가지 방법은 추후 역사적 기록 사용을 위해 연구 참여자의 연락처 세부 정보가 포함된 전체 데이터세트를 '다크(dark)' 아카이브에 조심스럽게 보존하는 것이다(Neale et al., 2016).

이러한 **윤리적 딜레마**에 대한 쉬운 답은 없지만, 연구자들은 신뢰성, 진정성 및 권한 부여 사이에서 섬세한 결정을 해야 한다. 한 가지 해결책은 '권한 공유(shared authority)'의 원칙을 채택하고 연구 데이터 및 결과에 어떻게 표현되기를 원하는지 패널 구성원과 신중하게 논의하는 것이다. 연구 참여자를 출판된 작품의 청중으로 생각하고 '**그들의 눈을 통해**(through their eyes)' 읽는 방법은 연구 참여자의 감정을 고려하여 연구 결과를 민감하게 제시하는 데 도움이 될 수 있다(Ellis, 1995). 출판된 연구 결과나 데이터 제시, 특히 민감한 문제를 다루는 경우에 대해 논의할 필요성은 시간이 지남에 따라 연구자와 연구 참여자 간의 관계가 신뢰와 지속적인 약속을 기반으로 구축되는 경우 더욱 중요해진다. 고등학교 과학교육에 대한 종단적 연구에서 Reiss(2005)는 그러한 협의 없이 어떤 일이 일어날 수 있는지에 대해 솔직하게 설명한다. 그는 연구 과정에서 교사의 정체성이 어떻게 드러날 수 있는지, 그리고 그 정체성이 학교의 다른 직원에 의해 얼마나 쉽게 발견될 수 있는지를 과소평가했다. 교사들 역시 Reiss가 쓴 연구 결과가 교사들로 하여금 지나치게 비판적인 입장을 가진 것으로 보이게 하여 크게 우려하고 있었다. 그가 지적하듯 연구 결과를 발표하기 전, 현장 조사가 끝날 시점에 보다 정중하고 협의적이며 협력적인 접근 방식을 취했다면 이러한 문제를 피할 수 있었을 것이다(협력적 접근 방식의 예는 제6장 참조).[4)]

---

4) 이러한 경험은 종단적 연구자들 사이에서 드문 일이 아님(예를 들어, Ellis, 1995; Hermanowicz, 2016; Scheper-Hughes, 2000 참조). Ellis(1995)와 Scheper-Hughes(2000)는 긴밀하게 연결된 농촌공동체의 종단적 문화기술지 연구에서 그러한 문제의 결과에 대해 놀라운 설명을 제공함. 아일랜드 공동체에서 1년간 집중적인 현장 조사를 한 후 미국에서 발표된 Scheper-Hughes의 연구 결과는 학계에서는 호평을 받았지만, 아일랜드의 평론가와 지역 주민들에게는 비난을 받았음. 그녀가 25년 만에 마을을 다시 방문했을 때 그녀는 마을 사람들에게 따돌림을 당했고 그 후 쫓겨났음. 이 연구가 수행되는 방식에는 공유된 권한이 거의 존재하지 않았음. Scheper-Hughes가 인정한 것처럼 연구의 목적과 초점, 사람들이 인터뷰에 참여하거나 그렇지 않았던 시점에 대한 투명성이 부족하다는 것이 특징이었음. 예를 들어, 마을 사람들에 대한 부정적인 묘사와 그들의 공동체 생활이 가진 긍정적인 측면에 대해 세심하게 글을 쓰지 못한 것, 마을 사람들이 연구에서 누가 누군지를 쉽게 알아볼 수 있도록 개인에 대해 자세히 설명한 것이 이에 해당함.

호혜성과 전문성의 경계

앞에서 논의한 것처럼, 시간이 지남에 따라 연구 참여자 패널을 유지하는 것은 질적 종단연구자에게 중요한 방법론적 과제이다. 이와 관련하여 윤리적으로는 관계를 지속하고 발전시키는 것이 주요 논의 주제라 할 수 있다(Pollard, 2007). 사람들과 함께 걷는 과정, 그들의 삶의 여정에 동행한다는 느낌은 연구 참여자와 연구자 모두의 삶에 영향을 미칠 수 있다. 예를 들어, 종단적 문화기술지 학자들은 이 과정을 깊은 몰입으로 설명하며, 이는 '자신의 일부와 관계를 맺는 것'이라고 표현한다(Burton, Purvin, & Garratt-Peters, 2009; O'Reilly, 2012: 521). 따라서 연구 과정에서 **변화하는 관계를 관리**해야 하며 **윤리적으로 적절한 관계로 재배치**하는 것이 필요하다(Mauthner & Parry, 2013; Taylor, 2015: 283; Thomson, 2007). 여기에는 연구자나 연구 참여자에게 해를 끼치는 과도한 의존이나 개입, 침해, 또는 방치로 이어지지 않는 방식으로서 신뢰, 상호 존중 및 호혜성을 구축하는 것이 포함된다(Birch & Miller, 2002; Molloy, Woodfield, & Bacon, 2002; Morrow, 2009; Pollard & Filer, 1996; Reiss, 2005).

이러한 방식으로 관계를 유지하려면 두 가지 윤리적 원칙 사이의 균형이 필요하다. 첫 번째는 질적 연구의 핵심이자 지속적인 선물(gift) 관계의 개념이라고 할 수 있는 **호혜성**(reciprocity)이다(Gordon & Lahelma, 2003). 두 번째는 연구자의 전문성에 대한 명확한 초점과 함께, 시간의 흐름에 따라 연구 과정에서 **관계의 경계**를 유지해야 한다는 점이다(Hammersley & Traianou, 2012; Hemmerman, 2010). 다양한 현장 연구방법론을 적용하거나 서로 다르게 구성된 사례들로 진행되는 연구 프로젝트에서 이러한 두 원칙은 서로 균형을 맞춰 가며 진행될 가능성이 높다. 모든 연구 맥락에 적용되는 단 하나의 규범적 접근 방식은 없기 때문이다.

지원을 주고받기

지속적이고 호혜적인 관계의 일환으로 얼마만큼의, 그리고 어떤 종류의 지원이 합법적이고 적절하게 제공될 수(동시에 제공받을 수) 있느냐는 질문에 대한 답은 연구의 지역적 환경, 맥락, 문화는 물론 전체 연구 기간을 고려하여 찾아야 한다(Morrow, 2013). 반세기가 넘는 기간 동안 멕시코의 한 공동체에서 진행된 인류학 연구에서 Foster(2002)는 자신의 책에서 얻은 인세를 포함하여 그의 학문적 명성 전체가 그 지역 주민들의 지속적인 공헌에 기반을 두고 있음을 알고 있었다. 물론 그의 연구는 비물질적인(non-material) 방식으로 마을 사람들에게 혜택을 주었고, 그들의 목소리를 사회가 경청하고 있다는 느낌을 주었으며, 그들이 특별하며 소중하다고 느끼게 했다. 그러나 그는 그러한 간접적인 지원 외에도 지속적인 물질적 이익 역시 호혜적인 관계의 필수적인 부분이 되었다고 설명한다.

> 나는 지역의 가로등이나 학교 기금과 같은 것들에 실질적으로 기여하고 있으며 내 이름은 마을 행사의 기부자 명단에 항상 포함된다. …… 매년 나는 상당한 액수의 돈을 마을의 사제에게 맡기고, 그의 재량에 따라 마을의 가난한 사람들에게 나누어 주도록 한다. 나의

> 지속적인 기부는 출판물을 통해 받은 금전적 이익을 훨씬 초과했다. …… 나는 우리의 존재로 인해 아무도 손해를 보지 않았다고 믿으며, 몇 사람은 상황이 더 나아졌다는 것을 안다. 우리의 금전적 개입이 없었다면 마을의 일부 사람들은 의료 위기로 인해 생명을 잃을 뻔했다 (Foster, 2002: 273).

Foster가 머물렀던 멕시코 마을의 몇몇 가족은 미국에 있는 그의 집에 정기적으로 초대받았다. 그러나 동시에 자원이 부족한 지역의 상황상, 그가 제공하는 이익을 얻고자 마을 사람들 사이에 경쟁이 생겨났다. 일부의 질투심은 그 '특혜받는' 가족들에게 향했고, 이는 긴밀하게 결속된 마을의 유대에 영향을 미쳤을 수 있다(Foster, 2002: 273-274). Foster의 이 같은 설명은 수년에 걸쳐 전문적인 연구자의 역할이 점진적이고 자연스럽게 우정의 형태로 발전했다는 것을 보여 준다. 이는 종단적 문화기술지 연구자들의 공통적인 경험이다(Kemper & Peterson Royce, 2002).

지역적 맥락이 어떻든, 연구 기간이 길어질수록 연구 참여자가 어떤 형태의 지원을 필요로 하거나 요청할 가능성이 높아지며, 스스로 보답하려고 할 가능성도 커진다. 예를 들어, 「어린 아버지 추적 연구(Following Young Fathers Study)」에서 연구자들은 한 연구 참여자로부터 구금형을 앞두고 인성증명서(character reference)를 써 달라는 요청을 받았다. 이는 다음과 같은 여러 딜레마를 불러일으켰다. 연구자들은 연구에서의 관계 범위를 넘어 해당 청년에 대해 무엇을 알았거나 또는 몰랐는가? 비밀 유지를 위반할 수 있는가? 법적 맥락에서 그 청년의 도덕적 행위에 대해 보증할 수 있는가? 해당 연구팀은 연구의 범위 내에서 그 청년이 연구에 얼마나 중요한 기여를 했는지에 대해 설명하는 일반적인 참고 자료를 제공했다(Neale et al., 2015). 또 다른 상황에서는 연구팀이 인터뷰를 통해 연구 참여자가 대학에 진학하려는 끈질긴 열망을 가지고 있다는 것을 발견하고 그에게 몇 가지 교육적 조언을 제공했다. 해당 청년의 삶에 영향을 미친다는 방법론적인 단점은 연구 참여자에게 '무언가를 돌려준다'라는 윤리적인 측면에 의해 상쇄되었다.

마찬가지로, 복지개혁에 대한 한 연구에서 Patrick(2012)은 연구 참여자들에게 몇 가지 기초적인 복지 관련 조언을 제공했다. 이것은 호혜적인 제공에 있어서 가장 핵심적인 부분으로 고려되었다. 비록 그 과정에서 연구자가 연구 참여자들이 받는 복지에 영향을 미쳤지만, 연구 참여자들에게 물질적으로 이익이 될 조언을 제공하지 않았다면 오히려 비윤리적이라 느꼈을 것이다. 또 다른 상황에서는 한 연구 참여자가 Patrick에게 새로 태어난 아기를 위해 작은 선물을 주었는데, 이러한 선물을 거절하는 것은 무례한 행동이며 관계를 손상시킬 수도 있었다. 동시에 Patrick은 연구 참여자들에게 연구가 끝난 뒤에 추가적인 지원을 제공하거나 연락을 유지하기 어렵다는 점을 분명히 했다. 그리고 Patrick은 연구의 결과로 복지 정책을 바꾸기까지는 자신의 능력에 한계가 있음을 분명히 밝혔다(연구 초기에 일부 연구 참여자는 정책에 변화를 일으킬 수 있을 것이라는 기대로 참여함).

이러한 예에서 볼 수 있듯이 호혜성과 전문적인 경계 유지 사이의 균형을 맞추려면 약간의 기술이 필요하며 특정한 연구 현장의 맥락에서는 어려운 과정일 수 있다. 예를 들어, 저소득층 및 취약계층 가족에 대한 어느 지역사회 연구에서 Hemmerman(2010)은 사례를 유지하기 위해 지역사회를 자주, 비공식적으로 방문해야 했으며, 이로 인해 사적인 영역의 침범이나 지나치게 친숙해지는 위험이 있었다고 보고했다. 이 경우에서의 호혜성은 인터뷰를 진행하기 전에 기본적인 집안일을 해 주거나 음식을 사서 연구 참여자의 가족을 지원하는 것을 의미했다. 특히, 민감한 주제를 연구할 때 이러한 유형의 지속적인 관여는 감정적인 어려움으로 이어질 수 있다. Hemmerman은 연구 참여자들의 위태로운 삶과 그들이 공유한 충격적인 사건으로 인해 영향을 받았다. Calman, Brunton과 Molassiotis(2013)는 말기 암 환자에 대한 연구에서 유사한 경험을 했으며, 연구 참여자 중 다수는 연구 중에 사망했다. 그러한 상황에서는 연구 참여자들과 '함께 걷는 것'이 연구자에게 스트레스를 유발할 수 있다. 이럴 때는 버디 시스템(buddy system)과 같은 방법을 통해 연구진들을 지원할 필요가 있다(Williamson et al., 2014: 86). 더 광범위한 차원에서 이러한 주제들은 연구 참여자의 일상생활에 연구자가 연계되는 것의 성격과 범위에 대해 고민하게 된다. 어떤 전략과 해결 방법을 활용하든, 연구 초기에 호혜성과 전문적인 연구 내 관계의 경계를 고려한다면, 과도한 의존, 침해, 방치 및 감정적 얽힘을 피하는 길을 찾는데 도움이 될 것이다.

개인정보 보호

개인정보 보호(privacy) 원칙은 비밀 유지의 필요성과 밀접하게 연관되어 있다. 이를 위해서는 연구자들이 연구 참여자의 삶을 침해하고 있는지, 연구 참여자가 말하기 불편한 민감 정보를 어느 정도 공개하도록 요청받고 있는지를 고려해야 한다. 질적 연구의 일반적인 프로토콜(protocol)에 따라 연구 참여자는 자신이 원하는 만큼만 말할 수 있다. 그럼에도 불구하고, 신뢰 관계를 구축하는 과정에서 점차 친밀감이 더 커질 수 있는 질적 종단연구의 연속적인 파동(wave)에 의해 개인정보는 빠르게 공개될 수 있다. 더욱이 주목해야 할 것은 단순히 그 순간에 '이야기된 삶(life as told)'이 아니라, 실제 '살아진 삶(life as lived)'이며 그것이 어떠한 방식으로, 왜 전개되고 있는지이다. 이를 위해서는 삶이 연구자에게 어떻게 이야기되었는지와 실제 삶이 어떻게 펼쳐졌는지 사이의 일치가 필요하다. 이는 본질적으로 더 깊고, 더 성찰적이며, 개방적인 과정으로서, 연구 참여자의 입장에서 더 높은 수준의 참여와 진실성, 그리고 공개에 대한 의지가 필요하다. 일부 연구 참여자는 이를 환영하며 유익하다고 생각할 수 있지만, 그렇지 않은 연구 참여자는 삶의 어려운 시기 또는 민감한 문제를 연구자와 공유할 준비가 되지 않았을 수 있으며, 이러한 경우, 인터뷰를 피하거나 연구 참여하기 어렵다는 것을 깨닫게 될 수 있다(McLeod, 2003: 206).

여기서 시간은 좋은 자원이 될 수 있다. 민감한 문제를 언제 다루어야 하는지에 대한 유연성을 제공하고, 상황이 진정되어 신뢰 관계가 더욱 발전했을 때 그 문제를 회고적으로 돌아보며 공개하도록 허용해 주기 때문이다(Macmillan et al., 2012). 예를 들어, 「어린 아버지 추적 연구(Following Young Fathers Study)」에서는 문맹, 분노 조절, 가정 폭력 및 불법 활동에 관련된 문제가 상당한 기간이 흐른 뒤에 공개되었으며, 종종 연구 참여자가 이러한 주제를 과거의 이야기로 말할 수 있도록 회고적으로 조사되었다(Burton, Purvin, & Garrett-Peters, 2009; Neale et al., 2015).

참여의 범위

질적 종단연구의 기간이 연장되면, 연구 참여자들이 기존의 '정보제공자(informant)' 역할을 넘어, 연구에서 역할을 수행할 가능성이 열린다. 예를 들어, 패널 구성원은 데이터를 직접 생성한 후 인터뷰 기록이나 사례 자료를 읽고 확인하도록 권유받을 수 있다. 또한 현재의 관점에서 과거 기록에 대해 반성적으로 생각하거나, 자신의 삶에 관한 데이터를 표현하거나 해석하는 데 있어 컨설턴트 역할을 하기도 하고, 연구 결과를 알리는 활동에 참여하기도 한다. 어떤 경우에는 일부 연구 참여자가 연구 및 연구 결과의 대변인이 되기로 선택할 수도 있다. 이 경우에는 연구 참여자의 신원이 밝혀지며 비밀 유지가 포기되거나 재협상되어야 할 수 있다. 전반적으로 연구 참여자가 연구에서 더욱 적극적인 역할을 수행하려면 비밀 유지에 대한 보장이나 개인정보 보호 측면에서 변화가 요구된다. 질적 종단연구는 권한 부여, 공유 권한 및 지식의 공동 생성 원칙 측면에서 참여 연구나 실행 연구와 일부 유사성을 갖는다(Wiles, 2012).

이러한 확장된 형태의 협의와 참여는 권유할 만하다. 앞서 설명한 것처럼 협의가 너무 적으면 사전 동의 및 비밀 유지 원칙을 위반할 위험이 있으며, 연구자와 연구 참여자에게 잠재적으로 해로운 결과를 초래할 수 있다. 반면에 너무 많은 협의도 문제가 될 수 있다. 위에서 설명한 '확장된 참여 형태'는 어느 정도까지 적용해야 하는지, 어떤 연구 참여자 그룹을 대상으로 하는지, 어떤 특정 상황에서 적용해야 하는지에 대한 질문이 제기될 수 있으며, 비용이나 의도하지 않은 결과가 발생할 수도 있다. 예를 들어, 연구 참여자에게 서면, 영상 촬영이나 음성 녹음으로 일기를 쓰도록 참여시키는 것은 보람 있고 흥미로울 수 있다. 그러나 그 과정은 연구 참여자들이 공유하고 싶지 않거나 오히려 부인하고 싶은 삶의 측면을 드러내거나 확고하게 만들 수 있다(Pini & Walkerdine, 2011). 이러한 참여적 접근 방식이 연구 참여자의 권한을 넓힌다는 생각은 너무 이상적일 수 있다. 이와 같은 활동을 의뢰하는 연구자들은 결과물의 주요 독자가 되고, 그 과정에서 면밀한 조사의 영역은 인터뷰를 넘어 연구 참여자의 일상생활로까지 확장된다(Pini & Walkerdine, 2011). 마찬가지로, 연구 참여자들이 이전 인터뷰 기록을 다시 열람하도록 권유받는 경우 감정적인 위험을 초래할 수 있다. 왜냐하면 여기에는 사람들이 불편하다고 느낄 수 있는 수준의 자기 성찰이 포함되기 때문이다(Miller, 2000: 104). 이러한 맥락에서 연구 참여자들은 더 이상 자신과 동일시하고 싶지 않은 과거의 '고정된(fixed)' 삶의 모습을 직면하게 될 수 있다. 삶의 지속적인 흐름 가운데 사람들이 선택적으로 기억하고, 계획을 변경하며, 포부를 바꾸고, 새로운 정체성을 획득하며, 삶의 이야기를 다시 쓰면서 과거의 사건과 상황은 지속적으로 재해석될 수 있다(Miller, 2000; Thomson, 2012). 자신의 '이전 버전(earlier version)'을 마주한다는 것은 오래된 상처나 트라우마를 다시 직면하는 것을 의미할 수 있고, 연구 참여자가 상상했던 미래와 실제 사이의 불편한 비교 결과를 드러낼 수도 있다.

예를 들어, 「성인기 발생 연구(Inventing Adulthoods Study)」에서 연구 참여자들은 이전 인터뷰의 기록과 비디오 데이터 및 연구자가 생성한 분석 사례 기록을 다시 들여다보도록 권유받았다. 일부는 이 활동에 즐겁게 참여했지만 다른 일부는 자신이 표현된 방식에 대해 불만을 표현했고, 자신이 어리석게 보이거나 그렇게 노출되었다고 느껴서 연구에 참여한 것을 후회하는, 의도치 않은 결과를 낳았다(McLeod & Thomson, 2009: 75-76). 비슷한 맥락에서 Warin(2010; 2011)은 아동의 정체성 변화에 대한 연구에 참여한 10대 중 한 명이 미취학 아동 시절 촬영한 자신의 영상을 본 후 연구에 참여하지 않기로 결정한 과정을 설명했다. 후속 인터뷰에서 그는 자신의 성숙함을 강조하며, 연구가 "너무 유치하다(too babyish)"라고 느꼈다고 설명했다. 적은 사례의 크기(청년 10명)를 고려하면 이는 연구에 심각한 손실이었다. 과거에 대한 기록이나 시각 자료를 사람들에게 제시하거나 이전에 말한 내용을 상기시키는 것은 과거를 '재작업(reworking)'하는 내적인 과정을 방해할 수 있으므로 주의 깊게 처리해야 한다. 질적 종단연구자들은 과거와 현재의 기록을 비교하여 현상을 누적적으로 이해해야 하지만, 동시에 연구 참여자의 과거 사생활 보호에 대해서도 고려해야 하며 과거에 대해 연구 참여자가 오늘날 달리 설명하는 바를 받아들일 필요가 있다.

앞서 논의한 후속 활동에 참여하기를 원하는 연구 참여자들은 상대적으로 적을 수 있다. 이처럼 확장된 역할은 연구 참여자들에게 추가적인 부담을 안겨 줄 수 있으며, 마지못해 자신의 삶에 대한 성찰적 해석 과정(준 연구자 역할)에 참여하게 되어 불편함을 느낄 수 있다(Birch & Miller, 2002; McLeod & Thomson, 2009). 연구 참여자들이 이러한 문제에 대해 어떤 입장을 갖고 있는지 파악하려면 세심한 주의가 필요하다. 연구자들이 갖는 분석에 대한 권위를 공유함으로써 연구 과정을 보다 민주적으로 만들려는 노력은 '윤리적 속임수이며 심지어 다소 망상적일 수 있다'라는 점을 인정해야 한다(Back, 2007).

그러나 이러한 민감성에 대비하여 일부 연구 참여자가 연구의 홍보대사가 되는 경우, 특히 현장 조사가 완료되고 '정보 제공자'로서의 역할을 넘어설 수 있는 경우 매우 실질적인 혜택을 얻을 수 있다. 예를 들어, 「어린 아버지 추적 연구(Following Young Fathers Study)」에서 일부 연구 참여자는 연구가 끝날 무렵 국가 전문가 회의에 참여하여 워크숍에 기여했고, 회의 말미에 질의응답 패널을 구성했다. 이는 젊은 남성인 연구 참여자들에게 발언권을 제공하는 강력한 수단이었다. 이 같은 공헌은 높이 평가받았고 연구 참여자들 스스로 자부심을 갖도록 했다. 이들이 자신의 목소리로 이야기하는 것은 매우 효과적이었으며, 연구자들이 이야기하는 것보다도 더 큰 영향력을 행사했다(Neale et al., 2015; Tarrant & Neale, 2017).

실무자들과 소통하는 연구 참여자들의 능력은 연구의 중요한 발견이었고, 그것들이 단순히 연구물로 기술된 것뿐 아니라 실제로 청중들 앞에서 드러났다. 이와 유사하게 어느 공동체 글쓰기 프로젝트에서 한 연구 참여자는 아버지가 되기까지의 여정에 대한 자서전적 글을 작성했다(Johnson, 2015). 그 후속 계획(impact initiative)(Tarrant & Neale, 2017)을 통해 선정된 패널 구성원은 새로 결성된 영국 북부의 어린 아버지 공동체(Young Dads Collective, 제6장 참조)의 후원하에 멘토링, 변호활동 및 교육 활동을 개발했다. 이 같은 참여는 분명히 일부 연구 참여자의 삶을 풍요롭게 하고 이들에게 권한을 부여할 수 있으며, 연구자들은 이를 연구 참여자들에게 '무언가를 되돌려 주는' 방식으로 고려할 수 있다. 그러나 전반적으로 이러한 형태의 참여는 모든 연구 참여자에게 적합한 것은 아니며 선택적인 추가 사항으로 간주하는 것이 바람직하다.

윤리적으로 연구를 마무리하기

시간이 지나도 윤리적인 관계를 유지하는 데는 상당한 시간과 노력이 요구된다. 동시에 이는 연구를 만족스러운 결론에 이르게 하는 데 추가적인 도전을 안겨 준다(Reiss, 2005). 연구 참여자가 연구에 장기간 헌신한 경우, 연구의 종료를 알리는 것이나 또는 후속 조치가 있을 수 있는 현재의 단계를 분명히 알리는 것은 매우 중요하다. 그들은 결과에 대해 전문적인 투자를 할 수도 있고, 가치가 있다고 여기게 된 관계를 발전시키거나 연구 정체성을 발전시킬 수도 있다.

공식적인 편지나 참여 증명서를 넘어서는 명확한 퇴장(exit) 전략이 필요하다(Morrow, 2009). 이를 위해서 연구 참여자가 참석하거나 기여할 수 있는 사교적 행사나 공개 모임, 전시회 또는 기타 형태의 행사가 기획될 수 있다(Neale et al., 2015; 예는 제6장 참조). 또는 기념품과 같이 연구 참여자들에게 배포되는 형태, 예를 들어 일부의 패널 구성원과 공동으로 제작한 창의적인 형태의 결과물도 고려 가능하다[예: 연구 참여자의 성찰집 또는 공동으로 제작한 영상(Land & Patrick, 2014; Neale & Flowerdew, 2004)]. 그러나 이러한 이벤트나 결과물 제작을 위해서는 연구자들의 선견지명(foresight)과 시간, 노력 및 예산이 필요하므로, 미리 연구 설계 단계에서 이를 적극적으로 고려한다면 관련 자원들을 확보하는 데 도움이 될 수 있다.

나오며

이 장에서는 질적 종단연구의 핵심적인 활동, 즉 **연구 참여자와 함께 걸으며 그들의 삶이 어떻게 전개되는지 파악하는 과정**에 중점을 두었다. 이를 위해 연구 참여자를 연구에 모집하는 방법과 참여를 유지하는 방법을 탐구했다. 사람들이 연구에서 '이탈한' 경우 이들을 다시 추적하기 위한 전략을 자세히 설명했으며, 개인정보 보호를 존중하면서도 이들의 삶에 대해 샅샅이 탐구하려는 열의를 조절해야 할 필요성도 함께 다루었다. 이러한 논의는 질적 종단연구자들이 단순히 사례를 유지하는 것이 아니라 관계를 구축하고 지속하는 중요한 작업에 동참하는 동료 여행자가 되는 방법을 보여 준다. 다른 어떤 연구 전략보다도 이것이 사례를 유지하는 핵심이다. 이 과정이 어떻게 관리되는지는 질적 종단연구에서 윤리적 실천의 핵심이라 할 수 있다.

질적 종단연구에서의 윤리적 소양은 시간적 풍경(temporal landscape)에 내재된 부분이며, 연구가 진행됨에 따라 탐색의 과정을 돕는 도덕적 나침반이다. 이것은 적극적인 윤리 전략과 대응적인 윤리 전략의 적절한 조합으로 이루어진다. 또한 기존의 윤리 규약과 공유된 지식을 창의적으로 재구성하여 예상치 못한 윤리적 딜레마에 대응하도록 한다. 응용 윤리학(applied ethics)은 명확한 선택지가 없는 상황에서 어려운 결정을 내려야 하는 학문 분야이다(Bishop, 2009). 질적 종단연구에 소요되는 시간이 길어질수록 이러한 도전은 더 커진다. 그러나 동시에 시간은 윤리적 문제를 해결하기 위한 자원으로도 작용하며, 연구 참여자 인생의 도덕적 지형에 대한 새로운 통찰을 드러내기도 한다.

제5장

질적 자료와의 여정: 현장 조사 및 분석

질적 종단연구의 다른 단계들과 마찬가지로 연구 데이터 생성과 분석은 시간을 통한 순환적이고 누적적인 여정을 거친다. 이것은 연구의 템포를 통해 구조화되고 상호 연관된 과정이다. 질적 종단연구를 기예의 영역으로 본다는 접근은 앞서 다룬 연구의 설계와 샘플링과 마찬가지로 질적 종단연구 데이터를 분석하는 과정에서도 동일하게 적용된다. 여기에는 창의성을 발휘할 무한한 기회가 있으며(Saldana, 2002), 정교한 설계와 정밀함이 필요한 것도 변함이 없다. 누적적인 현장 조사를 통해 구축된 데이터세트는 내적 일관성을 가져야 하며, 생성되는 방대한 양의 데이터를 분석하고 장기적으로 활용하기 위해 체계적으로 관리해야 한다(Bishop & Neale 2012; Corti et al., 2014; Neale et al., 2016). 이 장에서는 질적 종단 데이터의 생성 및 분석을 위한 다양한 전략을 소개하고, 이러한 과정의 상호 연계성을 탐구한다. 먼저 현장 조사를 위한 네 가지의 광범위한 접근으로, 즉 문화기술지, 인터뷰, 참여형 접근법, 기존 데이터소스 활용에 대해 살펴본다. 이어서 질적 종단 인터뷰와 참여 도구 및 기법에 대해 더 자세히 탐구한다. 이 장의 두 번째 부분에서는 질적 종단연구 분석의 독특한 동력(momentum)과 논리(logic)에 대해 다룬다.

질적 종단 데이터의 생성

질적 종단연구의 데이터를 생성하는 과정에서 활용할 수 있는 네 가지의 현장 조사 접근법에는 문화기술지, 인터뷰, 참여적 접근법, 그리고 기존 데이터소스 활용이 있다. 각각의 특징은 다음과 같다.

▸ 문화기술지

사회인류학자들이 주요 연구방법으로 사용하는 문화기술지는 본질적으로 시간적 과정에 초점을 두는 연구방법이며, 사회과학자들이 점점 더 많이 사용하고 있고, 질적 종단연구에서도 일반적으로 사용되고 있다(예: Burton, Purvin, & Garrett-Peters, 2009; Corsaro & Molinari, 2000; O'Reilly, 2012; Pollard & Filer, 1995). 문화기술지는 사람들과의 동행자로서 '그곳에 있다(being there)'와 '함께 걷기(walking alongside)'를 포함한다(제4장 참조). 문화기술지 연구자들은 연구 참여자들의 삶에 다양한 정도로 참여하며, 관찰하고, 듣고, 질문하면서(공식적 및 비공식적 인터뷰를 통해), 다양한 데이터소스를 수집하여 사람들이 어떻게 살고 있는지, 그들의 세계관의 본질과 일상적인 삶의 속도를 파악한다. 참여관찰과 시간에 따른 인터뷰 기법을 결합시키는 방식은 종단적 문화기술지 연구에 특별한 강점을 제공한다. 그 강점은 삶이 어떻게 살아지고 있는지와 또한 어떻게 이야기되고 있는지, 그리고 살아가는 삶과 이야기되는 삶이 어떻게 시간이 지나면서 변하는지에 대한 통찰력을 제공할 수 있다는 것이다.

▸ 인터뷰

인터뷰는 사회과학 연구에서 데이터를 생성하는 데 가장 널리 사용되는 방법이다. 질적 인터뷰는 일반적으로 개인 또는 소규모 그룹과의 신중하게 계획되고 미리 준비된 심층 토론의 형태를 취하지만 현장에서 즉흥적으로 이루어질 수도 있다. 인터뷰는 개인에서 그룹 대상, 대면에서 비대면(전화 또는 웹을 통해 실시간 또는 비실시간)까지 다양하다. 관련 주제와 질문을 다루는 주제 가이드(topic guide)가 일반적으로 사용되며, 인터뷰 결과로 생성된 내러티브는 음성 녹음을 통해 문서화되어 회상과 분석을 돕는다. 질적 종단연구의 종단적 프레임은 인터뷰와 문화기술지 간의 결합을 가능하게 하는 다양한 방식을 제시한다. 예를 들어, '걸어가며(walking)' 또는 '따라다니며(shadowing)' 인터뷰하는 방식이 이에 해당한다(Bates & Rhys-Taylor, 2017; Thomson, 2012). 이를 통해 보완적인 형태의 데이터를 얻을 수 있고, 살아지는 삶과 시간이 지남에 따라 이야기되고 또다시 이야기되는 삶에 접근할 수 있다. 인터뷰 전략은 이후 자세히 살펴보고자 한다.

▸ 참여적 접근법

참여적 접근법은 일반적으로 심층 인터뷰와 결합되어 사용된다. 데이터는 연구자가 요청하거나 의뢰할 수 있으며, 연구 참여자가 주도하는 방식으로 공동으로 구성하거나 생성할 수 있다. 이 과정에서 사용되는 도구는 시각적(그래픽, 그림, 사진, 영상)이거나 문자 또는 청각적 내러티브의 형태를 취할 수 있다. 질적 종단연구에서 이러한 데이터는 현장 조사 중 또는 현장 조사의 물결(waves) 사이에 생성될 수 있으며, 이러한 특성은 참여 가능성과 함께 인터뷰를 끌어내는 데 중요한 초점을 제공한다. 참여 도구는 다음에서 구체적으로 살펴보고자 한다.[1)]

▸ 기록물 및 아카이브(기존 데이터소스 활용)

질적 종단연구의 다양한 데이터 출처 중에서 문서 및 기록물 자료는 상대적으로 소홀히 다루어져 왔다. 그러나 이러한 자료들은 시간에 따른 변화 과정을 이해하는 데 중요한 정보를 제공할 수 있다. 이러한 데이터 출처에 대한 자세한 고찰은 이 책의 범위를 벗어나지만, 몇 가지 주요 사항을 정리하면 다음과 같다. 문서 및 기록물 자료는 Plummer(2001)가 '삶의 문서(documents of life)'라고 생동감 있게 묘사한 큰 자료 집합의 일부이다.

> 세상은 사람들의 개인 문서로 가득 차 있다. 사람들은 일기를 쓰고, 편지를 보내며, 퀼트를 만들고, 사진을 찍고, 메모를 작성하고, 자서전을 쓰고, 웹사이트를 구축하고, 낙서를 하고, 회고록을 출판하고, 이력서를 작성하고, 자살 메모를 남기고, 영상으로 일기를 촬영하고, 묘비에 기념비를 새기고, 영화를 찍고, 그림을 그리고, 테이프를 만들고, 개인적인 꿈을 기록한다. 이러한 개인 생활의 표현은 수백만 개씩 세상에 던져지고, 관심 있는 사람들이 찾아볼 수 있다(Plummer, 2001: 17).

---

1) 참여 도구에 대한 종합적인 검토는 이 책의 범위를 벗어남. 생애사 차트에 대한 논의는 Neale(2017a)을 참조하기 바람. 시간적 연구에 사용되는 시각적 및 영상 방법론에 대해서는 Bytheway와 Bornat(2012), Frith(2011), Henwood, Shirani와 Finn(2011), Mannay(2015), Mitchell, De Lange와 Moletsane(2017), Pini와 Walkerdine(2011)의 연구 참조.

연구자들이 재활용할 수 있는 다양한 형태의 문서 데이터 중에서 사회과학 및 인문학 데이터세트는 상당한 가치를 지니고 있다. 연구자들은 개별 데이터세트를 활용하거나 여러 데이터세트를 결합하여 다양한 사회적 · 세대적 · 역사적 맥락에 걸쳐진 새로운 통찰을 얻을 수 있다(Irwin, Bornat, & Winterton, 2012; Lindsey, Metcalfe, & Edwards, 2015). 최근 수십 년 동안 이러한 기존 데이터의 활용이 증가한 것은 데이터를 역사적으로 보존하고자 하는 연구자들의 열정과 헌신 덕분이다. 또한 데이터 인프라와 자금 지원 이니셔티브의 발전, 그리고 질적 2차 분석(qualitative secondary analysis) 방법론을 기록하고 정제한 문헌들 또한 이와 같은 기존 데이터의 활용을 촉진하고 있다(Corti et al., 2005; Crow & Edwards, 2012; Irwin, 2013). 10년 전만 해도 질적 데이터세트 재사용의 윤리적 · 인식론적 기반에 대한 논쟁이 극단적으로 대립되었다(Moore, 2007). 그러나 연구자들의 관심사는 점차 변화하고 있다. 질적 데이터세트를 사용해야 하는지 여부에 대한 논의보다는 어떻게 사용해야 하는지, 특히 그 내재한 시간성을 어떻게 다루어야 하는지에 대한 더 생산적인 관심으로 옮겨 가고 있다(Neale, 2017b).

많은 질적 데이터세트가 여전히 원래 연구자들의 관리하에 있어 역사적으로 손실될 위험이 있다. 그러나 제도적 · 전문적 · 국가적 저장소를 통한 기존 데이터의 보관 및 보존 문화가 빠르게 자리 잡고 있다(Bishop & Kuula-Luumi, 2017). 이러한 시설은 영국 전역에 산재해 있다[예: 웨스트 요크셔의 커클리스 사운드 아카이브(The Kirklees Sound Archive; 양모 섬유 산업에 대한 구술 역사 인터뷰 보유)]. 영국의 주요 컬렉션으로 영국 데이터 아카이브(The UK Data Archive; 클래식 'Qualidata' 컬렉션 포함), 영국 도서관 음성 아카이브(The British Library Sound Archive), 북아일랜드 질적 아카이브(The Northern Ireland Qualitative Archive; ARK 리소스 포함), 리즈대학교의 Timescapes 아카이브(질적 종단 데이터세트), 그리고 수십 년 동안 자원봉사자 패널의 현대 기록을 위탁 및 큐레이팅해 온 Mass Observation 아카이브 등에 데이터가 보관되어 있다. 국제적으로는 아일랜드 질적 데이터 아카이브(The Irish Qualitative Data Archive), 하버드 대학교의 머레이 리서치 센터 아카이브(The Murray Research Center Archive), 그리고 유럽 대륙 전역의 다양한 수준의 데이터 시설들이 있다(Neale & Bishop, 2010, 2011).

시간의 흐름에 따른 데이터 생성: 지속성과 유연성

인터뷰 기법과 참여형 도구에 대한 더 자세한 논의로 넘어가기 전에, 질적 종단연구에서 현장 데이터를 생성하기 위한 기본적인 전략을 살펴볼 필요가 있다. 질적 종단연구의 종단적 프레임 안에서 누적적으로 데이터를 생성하려면 지속성과 유연성 간의 균형이 필요하다. 지속성은 생성되는 데이터세트의 무결성과 내적 일관성을 보장하여 종합과 분석을 돕기 위해 필요하다(Pollard, 2007). 일반적인 전략은 사례 전반에 걸쳐 핵심 프로세스, 주제, 변화, 지속성을 탐구하는 핵심 질문 세트를 고안하는 것이다(예: 'then and now' 또는 'where next' 질문; Saldana, 2003; Smith, 2003). 이러한 질문은 각 연구 접촉 시 반복적으로 다루어질 수 있다. Saldana(2003)의 말을 빌리면, 이는 데이터에 '통과선(through-line)'을 만들어 어느 한 시점에서 사례와 주제 간의 공시적 연결고리(synchronic link)를, 그리고 시간에 따른 사례와 주제 간의 통시적 연결고리(diachronic link)를 제공한다(Barley, 1995; Smith, 2003). 이러한 '지속성' 질문과 데이터 형식은 통합 데이터세트의 구축과 시간 분석 과정을 돕는 닻 역할을 한다. '기준선' 설문지나 체크리스트는 연구가 진행됨에 따라 업데이트될 수 있는 구조화된 인구통계학적, 상황적 정보를 포함하여 통과선의 유용한 구성요소가 된다.

동시에 종단적 프레임은 데이터 생성 방식과 탐구할 주제에 대한 유연성을 허용한다. 제3장에서 보여 주듯이, 샘플링 전략은 새로운 연구 차원이 부각되면 사례를 확장하거나 축소할 수 있다[새로운 연구 차원이 부각되면 사례를 늘리는 표본 확대(sample boosting)이 이루어지거나, 시간이 지남에 따라 특히 중요한 사례에 초점을 맞추는 깔대기식 기법(funnelling)이 이루어질 수 있음]. 이와 같은 논리는 데이터 생성에도 적용될 수 있다. 시간이 지남에 따라 연구자는 특정 연구 또는 사례에 특히 관련된 주제에 '집중'하거나, 새로운 주제가 부상함에 따라 탐구 범위를 '확장'할 수 있다(Pollard, 2007; Smith, 2003). 질적 종단연구에서는 주제 초점의 변화가 일반적인 특징이다. 특히 연구 기간이 길거나 연구 자금 지원 단계가 다양한 경우에 이러한 특징이 두드러진다. 잠비아의 젬바 통가족(Gwembe Tonga)에 대한 연구가 좋은 예이다. 50년간 현장을 반복 방문하면서 기존의 친족 관계와 의례에 대한 관심은 카리바 댐(Kariba Dam) 건설 후 지역사회 재정착, 더 큰 정치경제에 통가족의 흡수, 그에 따른 집단 정체성과 시민권의 의미, 그리고 최근 AIDS 유행에 직면한 통가족의 삶의 경험 등으로 변화했다(Burawoy, 2003; Howell & Talle, 2012: Scudder & Colson, 2002).

주제 초점의 변화는 장기 현장 조사의 산물만은 아니다. 개인적 · 역사적 변화가 즉각적으로 발생할 수도 있다. 예를 들어, 2008년

「시간 풍경 연구(The Timescapes Study)」(2007~2012)의 연구자들은 영국에서 경제 침체가 시작되자 이에 대한 새로운 질문들을 가지고 현장으로 들어갔다(Edwards & Irwin, 2010). 이전 데이터 수집 단계의 통찰을 바탕으로 새로운 질문, 새로운 주제를 도입하여 사회적 변화에 대응할 수 있는 능력은 질적 종단연구의 귀중한 특성이다(Saldana, 2003; Smith, 2003). 종합하면, 지속성과 유연성은 질적 종단연구 데이터 생성을 위한 중요한 전략이다. 이 두 전략 간의 적절한 균형을 찾는 것이 질적 종단연구의 엄밀성 일부를 구성한다.

시간적 인터뷰

시간은 데이터를 생성하는 프레임을 제공할 뿐만 아니라 데이터 자체의 성격을 형성한다. 여기서 시간은 연구의 초점과 분석을 풍부하게 만드는 풍부한 탐구 주제(rich topic)가 된다. 인터뷰는 과거, 현재, 미래의 흐름, 전환점, 전환, 장기적 궤적의 맞물린 지평선, 미시-거시 역사 과정의 상호작용, 시간의 공간적 차원(그리고/또는 공간의 시간적 차원), 일상생활의 진동, 변화의 속도, 삶의 경험에서의 연속성 또는 단절 등과 같은 여러 차원을 탐구하는 데 사용될 수 있다. 예를 들어, 사람들이 태어난 곳과 살아온 곳, 삶의 방향에 영향을 미친 사람이나 요인, 그리고 그들이 직면한 관계적·사회경제적 기회와 제약을 탐구하면, 미시-거시 차원을 아우르는 통찰을 얻을 수 있다(Miller, 2000: 74; Plummer, 2001: 39-40).

심층 인터뷰는 일반적으로 대화형, 반응형, 개방형 등으로 구분하여 설명할 수 있다. 하지만 전체적인 목적은 동일하다. 바로 연구 참여자의 주관적 경험, 감정, 세계관에 대한 통찰을 얻고, 그들이 자신의 삶을 구성, 서술, 의미화하는 방식을 파악하는 것이다. 사람들이 시간을 통한 경험에 대한 이야기를 갖고 있으며, 이 연구 과정을 이야기를 이끌어 내어 형성할 수 있다는 것, 즉 이야기에 관한 생각(the idea of narration)이 질적 종단연구 인터뷰의 핵심이다. 삶의 이야기는 역사적으로 위치한 현상적 경험의 지속적이고 살아 있는 흐름을 포착할 수 있는 힘을 가지고 있다고 Plummer는 설명한다.

> 이러한 경험에는 모호성, 가변성, 가소성, 그리고 심지어 고유성까지 내포되어 있다. 이는 유목민 사냥꾼과 채집인, 유흥업소 종사자, 광산 노동자, 요양원에서 죽음을 걱정하는 사람, 교사, 또는 장애를 겪는 사람 등 어떤 누구에게도 마찬가지이다. 핵심적인 관점은 연구 참여자가 자신의 경험을 어떻게 설명하는지이다. 물론 이것만으로는 충분하지 않을 수 있다. 그러나 연구에서 이러한 '친밀한 친숙함(intimate familiarity)'을 얻지 못한다면, 그러한 연구는 잘못 추측하고 추상화하고, 이론화할 위험이 있다(Plummer, 2001: 37).

인터뷰가 두 사람 이상 사이의 비공식적이고 상호적인 뉴스(news)와 반성(reflections)의 교환을 가리키는 대화는 아니지만, 그럼에도 불구하고 인터뷰는 대화형이다(원래 라틴어로는 '함께 돌아다니거나 움직이다'라는 뜻임; Ritchie et al., 2014). 이 과정을 통해 연구자와 연구 참여자는 상호작용이 전개됨에 따라 공동으로 의미와 지식을 구성하며, 연구 참여자는 단순히 사실을 나열하는 것이 아니라 의미를 탐구하고 의미에 관여하는 목소리를 찾을 수 있게 된다(Guenette & Marshall, 2009). 그 결과로 생성된 설명은 능동적으로 생성된 것으로써, 이는 연구 참여자들이 수동적인 지식의 저장소인 것처럼 '수확'되거나 '채굴'되거나 '수집'되는 것이 아닐 뿐만 아니라, 현실주의적 의미에서 '밖에' 있는 것 또한 아니다. Hareven(1982: 373-375)은 구술사 인터뷰에 대한 설명에서 이 점을 설득력 있게 제시한다.

> 인터뷰를 수행하는 연구자는 마치 매개체와 같아서, 자신의 존재, 관심사, 질문을 통해 기억을 불러일으킨다. …… [이를 통해] 사람들의 삶에서 일어난 사건의 순서뿐만 아니라, 그들이 패턴을 찾는 과정에서 자신의 삶의 다양한 조각이 마치 만화경(kaleidoscope)처럼 재조립되고 해체되는 모습을 엿볼 수 있다. 그 과정에서 의미가 사라지기도 하고, 변화하기도 하며, 사라졌다가 다시 다른 형태로 나타나기도 한다(Hareven, 1982: 373-375).

Hareven은 구성주의적이고 서사적인 데이터 생성에 대한 이해가 이 연구기법(인터뷰)의 가치 중 하나임을 강조한다. 이러한 방법은 사람들의 진술에 진실성과 의미를 손상시키기보다는 오히려 사람들의 삶의 사건과 상황에 대한 명시적인 해석, 이해 및 재구성을 제공하여 그들에게 어떤 것이 중요했는지, 그리고 그 이유를 이해할 수 있는 귀중한 통찰을 제공한다(Hammersley & Atkinson, 1995;

Hareven, 1982: 374; Ritchie et al., 2014: 180).

생애사 인터뷰는 다양한 방식으로 수행될 수 있다(Merrill & West, 2009; Miller, 2000; Plummer, 2001; Thompson, 2000; Wengraf, 2000). 상대적으로 구조화되지 않은 접근 방식에서는 연구 참여자들이 자신의 삶, 또는 그 일부를 자신의 방식과 속도로 서술하도록 안내된다(연구자가 매우 느슨하게 안내하는 예: 당신의 어린 시절/가족 생활/~에서의 시간을 어떻게 설명하시겠습니까? 당신은 어떻게 ~에 처음 관여하게 되었습니까? 성장하는 동안/시작할 때/~을 겪을 때 당신에게 어떠했습니까?; Plummer, 2000: 140-142). 이러한 접근의 목적은 자발적이고 상대적으로 매개되지 않은 서사를 끌어내는 것이다. 예를 들어, 생애-해석 방법은 이러한 최소주의적(minimalist) 방식으로 시작하여, 생애 이야기를 시작하기 위한 핵심 질문 하나를 제시한다(Wengraf, 2000).

그러나 모든 연구 참여자가 이러한 최소한의 프롬프트에 응답할 수 있다고 느끼지는 않을 것이며, 안내와 상호작용의 부족은 의사소통과 공감을 차단할 수도 있다(Brannen, 2013; Chase, 2005; Clausen, 1998; Merrill & West, 2009; Thompson, 2000). 어떤 경우에는 내러티브를 끌어내기 위해 장기간의 공감적 상호작용이 필요할 수도 있고, 표현을 가능하게 하기 위해 창의적인 도구가 필요할 수도 있다(Clausen, 1998; Guenette & Marshall, 2009). 어떤 경우든 자발적인 내러티브는 삶의 전개 과정을 개략적으로 보여 줄 수 있으며, 적어도 매우 편집된 부분적인 버전은 보여 줄 수 있다(Clausen, 1998: 192). 이러한 이유로, 연구자들은 종종 비구조화된 인터뷰 단계 후에 반구조화된 질문을 사용하여 핵심 주제를 끌어내거나 연구에 관련된 누락된 요소를 보완한다("이에 대해 더 말씀해 주세요." 등의 질문). 이는 생애-해석적 데이터 생성 방법에서 사용되는 전략이다(Brannen, Moss, & Mooney, 2004; Wengraf, 2000).

생애 여정 인터뷰

인터뷰를 시작할 때 상호작용적이고 잘 안내된 접근법을 채택하면 더 부드럽게 '진입'할 수 있다. 상호작용을 위해 준비된 주제의 체크리스트를 연구 참여자들에게 인터뷰 시작 시 또는 사전에 공유할 수 있다(Merrill & West, 2009). '지도학적(cartographic)' 인터뷰 전략은 특정 탐구 영역의 탐색적이고 표면적인 매핑으로 시작한다(Ritchie et al., 2014: 190-191). 그 후 더 초점화된 질문들이 이어져 세부 영역을 더 깊이 탐구하고, 근본적인 주제, 의미, 성찰을 발굴한다[여기서 '지도학(cartography)'은 '고고학(archaeology)'으로 전환됨]. 이런 식으로 인터뷰는 구체적인 생애 사건과 경험에서 더 성찰적이고 추상적인 통찰과 해석으로 나아간다. 이 접근법은 연구 주제에 기반하여 논의의 초점을 제공하지만, 여전히 연구 참여자들이 자신만의 방식으로 자신의 내러티브를 구성할 수 있는 공간도 부여한다. 이는 그들에게 중요한 것, 즉 특정 과정이나 경험이 그들 삶의 궤적을 형성하는 데 얼마나 중요한지, 그리고 다른 영향과 관심사와 관련하여 상대적으로 어느 정도 중요한지에 대한 깊이 있는 통찰을 얻을 가능성을 높여 준다.

질적 종단연구에서 지도를 만드는 전략(cartographic strategy)은 연구 참여자의 생애 여정을 역동적으로 그려 내고 구성하는 데 사용될 수 있으며, 특정 전환과 궤적에 대한 통찰력을 얻을 수 있다. 이 접근법은 연구 참여자가 현재에 이르게 된 과정과 미래를 어떻게 구상하고 있는지를 탐구한다. 단순히 풍경에 관한 매핑(mapping)을 넘어서, 이 접근법은 사람들의 움직임에 주목하며, 표면적 세부 사항과 여정의 깊이와 동인에 주의를 기울인다. 시작점은 시간의 흐름 속에서 현재 상황을 일반적으로 매핑하는 것일 수 있다(연구 참여자가 시간적으로 지도상에서 어디에 있는지, 현재 지형의 성격, 그들이 따르고 있는 경로의 개요, 그리고 얼마나 진행했는지 등을 파악할 수 있음). 이어서 '과거 이야기'를 탐구하게 되는데, 연구 참여자가 현재에 이르게 된 과정과 그 과정의 성격 및 의미를 살펴본다. 과거 시간을 포착하기 위해 여정의 속도, 템포, 공간적 차원 또는 동기화, 그것이 단순했는지(선형적), 우회적이었는지, 방황했는지 또는 굴곡이 있었는지 등과 같은 다양한 영역을 탐구할 수 있다. 또한 그 여정이 계획된 것인지, 예상된 것인지, 기대에 부응하고 있는지, 그리고 지금까지의 여정을 형성해 온 기회와 제약(미시-거시 축)이 무엇인지, 새로운 방향으로 나아가게 하거나 이전 경로로 되돌아가게 한 촉발점이나 전환점이 있었는지 등을 탐구한다. 마지막으로, 인터뷰는 연구 참여자가 자신의 미래 경로를 어떻게 보고 있는지, 어떻게 '그곳에 도달'할 것인지(그들의 계획, 포부, 희망과 두려움, 그리고 외부의 기회와 제약에 의해 다시 한번 형성되는), 그리고 이것이 삶의 장기적 궤적에 어떤 의미를 가지는지를 탐구한다. 이와 같이 연구 참여자의 삶을 매핑하는 것은 본질적으로 시간적 과정이며, 사람들이 주관적으로 정의한 삶의 지도상에서 어디에 있는지를 파악하고, 그 여정의 성격, 의미, 내적 논리를 탐구하는 것을 목적으로 한다.

생애 여정 접근법을 개발할 때는 삶이 거의 시간순으로 서술되지 않는다는 점을 유념해야 한다. 이 때문에 생애사 기술은 일반적으로 인터뷰 이후 분석 과정의 일부로 수행된다. 또한 사람들이 자신의 삶을 계획되고, 실행된 여정으로 생각하는 정도는 개인마다 다르다. 제2장에서 보여 주듯이 그들은 과거의 선택이나 미래의 방향에 대한 강한 주체성 없이 현재에 살고 있을 수 있다. 그러나 생애 여정 접근법은 과거, 현재, 미래에 대한 이러한 다양한 지향을 조명하여, 사람들이 시간의 흐름 속에서 살아가는 다양한 방식에 대한 통찰을 제공할 수 있다.

반복적 인터뷰

앞서 개략적으로 설명한 생애 여정 기법은 심층 인터뷰에서 삶의 역동성을 끌어내는 전략을 제공한다. 질적 종단연구에서 연구의 종단적 프레임은 이 과정을 한 단계 더 발전시킬 수 있다. 제2장에서 보여 주듯이, 개인이나 집단의 삶은 어느 한 시점에 고정되어 있지 않고, 시간의 순환적 나선(recursive spiral) 속에서 구성 · 재구성 · 업데이트된다(Grbich, 2009; Jost, 2012; McLeod, 2003). 연구의 템포를 통해 질적 종단연구는 사람들이 자신의 생애사를 어떻게 덧씌워 나가는지 그 과정을 반영하고 조명할 수 있다. 반복적 인터뷰는 시간을 거슬러 올라가기도 내려가기도 하며, 각 후속 인터뷰에서 생애 여정을 재검토 · 재구상 · 업데이트하는 것을 포함한다. 연구 참여자들은 과거를 검토하고, 이전 이해를 업데이트하며, 끊임없이 변화하는 현재의 렌즈를 통해 미래를 재구상하도록 안내받는다(McLeod, 2003: 204-205). 이를 통해 의도와 기대에 대한 설명을 실제 전개되는 사건 및 상황과 비교할 수 있다(Walker & Leisering, 1998). 과거, 현재, 미래에 대한 반복적 접근은 생애과정의 역동성을 탐구하는 데 더 미묘하고 유동적인 방식을 제공한다. 이 과정에서 연구를 수행하는 매체로서의 시간은 탐구의 풍부한 주제로서의 시간과 융합되기 시작한다.

순환적 인터뷰(recursive interviewing)의 가치는 삶의 변동성을 고려하고 포착하려 한다는 점이다. 이는 삶의 구성이 본질적으로 잠정적이며, 사람들이 영원히 '되어 가는' 상태에 있다는 인식과 맥을 같이한다(Worth, 2009). Plummer(2001: 40)가 강조했듯이 모든 펼쳐지는 생애사에서 우연성, 변동성, 모순은 필수적인 특징이다. 우리의 삶은 결단의 순간, 전환점, 혼란, 모순, 역설로 넘쳐 나며, 이는 삶이 서술되고 살아가는 방식에 반영될 가능성이 높다. 이는 연구 참여자 자신들에 의해 명확히 인식된다. 예를 들어, Wladek의 변화하는 자전적 서술에서 이를 확인할 수 있다(Thomas & Znaniecki, 1918-1921/1958). 이는 제2장의 과거 재검토 사례에서도 확인할 수 있다. 「어린 아버지 추적 연구(Following Young Fathers Study)」에서 한 젊은 연구 참여자는 네 차례의 인터뷰에 걸쳐 생애 지도와 자화상을 만들고 업데이트하는 경험에 대해 다음과 같이 회고했다.

> 나는 내가 다양한 답변을 했다는 것을 알게 될 것 같다. 그것은 그

> 시점에 어떤 기분인지에 따라 달라진다. …… 솔직히 말하면, 내가 그것을 할 때마다 내가 무엇을 썼는지 모르고 돌아왔다. 왜냐하면 당신의 감정과 의견은 변하기 때문이다. 그렇지 않은가? [Jason, 4차 인터뷰, 2014년 2월 19일, 「어린 아버지 추적 연구(Following Young Fathers Study)」의 데이터세트, 「시간 풍경 연구(The Timescape Study)」 아카이브]

생애 여정에 대한 표면적이고 '사실적인(factual)' 진술을 찾는 연구자들은 생애과정의 풍부한 변동성을 감지하지 못하거나 이를 축소하거나 평면화할 수 있다(Plummer, 2001). 그러나 이러한 복잡성과 인식의 변화를 밝혀내는 것은 삶의 내적 논리와 동력을 이해하는 데 필수적이다. 따라서 반복적 인터뷰는 삶이 펼쳐지는 끊임없는 변화의 상태를 드러내며, 이러한 역동성을 활용하여 살아진 삶과 이야기된 삶의 내러티브가 지속적으로 재조정되는 방식을 밝혀낸다.

시간을 오가며 연구하는 전략은 연구 주제, 연구 참여자의 특성과 상황, 그리고 어떤 시점에 중요한 주제, 격차 또는 이상 현상이 나타나는지에 따라 달라질 것이다. 연구자들은 과거와 미래 어느 시점까지 탐구할지, 그리고 어떤 특정 시점에 초점을 맞출지를 결정해야 한다. 초기에는 상대적으로 짧은 시간 범위(마지막 인터뷰 이후, 지난 1년, 또는 향후 1년 예측)에서 시작하고, 점차 더 먼 과거나 미래로 시간 범위를 확장하는 것이 유용할 수 있다. 연구 자체의 시간 범위도 시간적 지평을 제공할 수 있다. 연구 초기에 연구 참여자들에게 연구 종료 시점에서의 자신의 모습을 어떻게 생각하는지 예측해 보도록 하고, 마지막 인터뷰에서는 연구 기간 동안 어떤 변화가 있었는지 돌아보게 하는 것이 좋다(Saldana, 2003). 더 장기적인 시간 범위를 설정하면 개인, 가족, 구조적 영향을 미시-거시 축에서 탐구할 수 있는 범위가 더 넓어지며, 특정 여정을 더 넓은 맥락에서 이해하고 삶의 장기적 궤적 속에서 어떻게 자리 잡는지 파악할 수 있다.

연구자들은 반복적 인터뷰 기법을 사용할 때 연구 참여자의 과거와 미래 삶에 대해 어느 정도로, 어떤 방식으로 질문할지 고민해야 한다(이전 인터뷰에서 얻은 정보를 바탕으로). 이러한 질문이 연구 참여자의 인식에 어느 정도 영향을 미치거나 불편함을 줄 수 있기 때문이다. 예를 들어, 연구 참여자에게 현재 시점과 관련하여 이전에 어디에 있었는지, 또는 과거나 미래에 대한 견해가 변화했는지 단순히 설명하도록 요구할 수 있다. 이때 연구 참여자들은 마지막 인터뷰 당시 자신이 어디에 있었는지, 무엇을 하고 있었는지 확인을 요청하는 경우가 흔하게 있다. 이에 대해 연구자가 부드럽게 상기시켜 줄 수도 있다("당신은 ~에 대해 소식을 기다리고 계셨죠." "막 ~을 시작/끝냈었죠." "~로 가기를 희망하고 계셨죠."). 더 나아가 연구자는 이전 인터뷰 녹취록 발췌문이나 사례 분석 파일을 연구 참여자와 공유하여, 어떻게 그들의 관점이 변화했는지 탐구할 수 있다(Thomson, 2012 참조). 이러한 반복적 과정을 심화하면, 연구 참여자의 가치관, 포부, 정체성의 변화나 시간의 흐름에 대한 새로운 해석을 포착할 수 있다. 그러나 이 과정에 대한 연구 참여자의 반응은 즐거움에서 무관심, 유쾌함에서 불편함까지 다양할 수 있다(Thomson, 2012). 과거 삶의 결정체를 연구 참여자에게 되돌려 주는 것에 대한 윤리적 문제는 제4장을 참고할 수 있다. Thomson(2012)이 지적했듯이,

연구 참여자의 내러티브와 데이터 및 해석 간 피드백 루프(feedback loop)를 만드는 것은 강력한 참여의 방식이지만, 신뢰 관계 및 윤리적 민감성을 고려하여 신중하게 활용되어야 한다.

참여 도구 및 기법

질적 종단 인터뷰 절차는 종종 시간 데이터의 보완적 형태를 생성하는 참여 도구 및 기법의 사용을 결합한다. 여기에는 그래픽, 그림, 사진 또는 영상 데이터 및 서면 또는 청각 설명(일기/음성 녹음한 일기 또는 과거 또는 미래에 대한 자서전 설명)이 포함된다. 연구자의 다양한 수준의 안내를 통해 이러한 데이터는 연구 참여자 주도적 방식으로 생성될 수 있다. 주요 도구에 대한 간략한 개요를 여기에서 제시한다[더 넓은 검토와 논의는 Neale(2017a) 참조].

▸ 생애 지도

생애 지도(life maps)는 타임 맵(time maps) 또는 타임라인(time lines)으로도 알려져 있지만, 반드시 선형 방식으로 구성되지는 않는다. 이 방식은 펼쳐지는 삶을 쉽게 접근할 수 있는 시각적 형태로 포착한다. 연구 참여자들에게 자신의 생애 여정(또는 생애의 한 부분)에 대한 간단한 지도를 그리고, 주요 이정표, 사건, 전환점 그리고/또는 분기점에 강조 표시를 하도록 요청한다. 연구 참여자들은 마인드맵, 수평선 또는 수직선, 다양하고 중첩되는 경로를 나타내는 평행선 또는 다양한 상승과 하강, 역사적 루프, 막다른 길 또는 방황

하는 여정을 나타내는 지그재그, 십자형, 원형, 나선형 또는 흐르는 경로를 그릴 수 있다(Iantaffi, 2011; Zerubavel, 2003: 1-36 참고). 연구자들은 때때로 기본적인 그리기 도구로 직선을 제안하기도 한다(함축적으로 생애과정의 선형적이고 순차적인 비전). 그럼에도 불구하고 연구 참여자들은 이로부터 벗어나거나 자신들만의 방식으로 생애를 그리기 위해 장식을 추가할 수 있다(다양한 예는 Guenette & Marshall, 2009; Van Houte, 2017; Worth, 2011 참고). 그림은 전체 생애 또는 그것의 다양한 영역에 걸쳐 그려질 수 있고, 단 하루에 대해서도 그려질 수 있으며, 과거뿐만 아니라 미래를 탐색하는 데 사용될 수 있다(Falola, 2015; Gordon et al., 2005; Hanna & Lau Clayton, 2012; Thomson & Holland, 2002; Worth, 2011) 이러한 도구들은 구조화된 생애사 차트(Neale, 2017a)와 유사한 목적으로 사용되지만, 생애 지도는 생애 여정의 유동성을 반영하는 개인화되고 직관적이며 창의적인 도구이다. 이는 사건 기반의 여정뿐만 아니라 감정을 이해할 수 있게 해 주며, 생애사 차트와 달리 사건의 순서와 연대기에 대한 정확한 기억을 요구하지 않는다. 이것의 간단한 구조는 생애사적 인터뷰에 통합될 수 있어야 하며, 이를 통해 언어적 설명을 풍부하고 깊이 있게 만들 수 있어야 한다(Worth, 2011). 또한 생애 지도는 후속 인터뷰에서 다시 논의되어 기존의 생애 지도를 업데이트하거나 수정하는 데 반복적으로 사용될 수 있다. 전반적으로 이는 '생각해 보는(think with)' 도구로서 유용하다(Neale, 2012). 복잡한 아이디어를 단순화하고, 민감한 삶의 경험을 열어 주며, 자기 성찰을 장려하고, 언어 교환만으로는 불가능한 방식으로 최근 생애사를 구체적이고 시각적인 형태로 제공할 수 있다.

▸ 일기

일기 및 관련 글을 요청하거나 의뢰하는 것은 질적 종단연구에서 오랜 역사를 가지고 있으며 여전히 인기 있는 연구 도구로 여겨지고 있다(Bartlett & Milligan, 2015; Bytheway, 2011; Pember Reeves, 1913/2008; Plummer, 2001; Shaw, 1930/1966). 일기는 그 자체로 시간적 기록이며, 생애의 즉각성과 친밀함을 포착한다. 내적 사고와 감정, 그리고 일기 작성자에게 중요한 사건과 상황들은 그것들이 발생하는 대로 시간의 흐름에 따라 기록된다. 이를 통해 끊임없이 변화하는 현재의 기록을 제공한다(Fincher, 2013; Plummer, 2001: 48). 자서전(과거를 되돌아보며 삶을 재구성하고 설명하는 일회적이고 회고적인 설명; 예를 들면, Johnson, 2015)과는 달리, 일기는 미래지향적으로 작성된다. 이는 현재 순간에 구성되고 미래를 지향하며, 점진적이고 에피소드적인 방식으로 펼쳐지는 삶을 기록한다(Watson, 2013: 107). 본질적인 시간성을 감안할 때, 일기는 강력한 형태의 종단 데이터를 구성한다. 이는 친밀성, 연속성, 그리고 그들이 묘사하는 사건에 대한 밀접한 근접성 측면에서 가치를 창출한다(Watson, 2013). 일기는 시간에 따라 구조화되어 있기 때문에 이전 사건들을 따라가고 앞으로 일어날 것을 예상하며, 전환과 궤적, 변화와 연속성의 복잡성을 밝혀내면서 과거와 미래 사이의 중심축을 제공한다. 이러한 방식으로 경험의 과정적 성격을 포착하는 것은 질적 종단 인터뷰 사이에 귀중한 연속성을 제공하고, 다른 어떤 방식으로도 얻을 수 없는 세부적인 변화에 접근할 수 있게 한다(Bytheway, 2012; Lewthwaite & Bartlett, 2017).

질적 종단연구에서 일기는 일상생활의 흐름과 변화, 그리고/또는 전환의 주요 순간들을 포착하기 위해 일반적으로 연구 과정을 반영하여 특정 기간 동안 의뢰되거나 요청된다. 연구 참여자들에게는 각 페이지에 날짜가 기재되어 있고 연구자의 관심 주제에 대한 명확한 지침이 있는 소책자가 제공된다. 항목은 구조화된 시간 사용 연구들(structured time-use studies)에서 흔히 사용되는 체크박스 차트부터(Gershuny, 2000) 자유롭게 쓰인 내러티브(Bytheway, 2012)에 이르기까지 다양한 형태를 취할 수 있다. 최근 몇 년 동안 일기는 점점 더 멀티미디어(음성, 영상) 또는 웹 기반 계정(블로그 또는 페이스북 게시물)의 형태를 취하게 되었다(Fincher, 2013; Monrouxe, 2009; Pini & Walkerdine, 2011; Robards & Lincoln, 2017). 또한 어린아이들이나 작문 실력이 제한된 연구 참여자들과 함께 사용할 수 있는 그림 형식의 일기도 증가하고 있다(Wiseman, Conteh, & Matovu, 2005). 스크랩북 일기는 젊은이들이 서면 기록과 사진 기록 및 수집품을 혼합할 수 있도록 권장하는 창의적인 발명품이다(Thomson & Holland, 2005).

일기는 다양한 질(quality)과 길이, 불완전하거나, 날짜가 없거나, 순서가 맞지 않거나, 회고적으로 기록되거나, 편집되거나, 정제된 기록이라는 것 등과 같은 몇 가지(연구 자료로서의 활용에) 과제들을 가지고 있다(Bytheway, 2011, 2012; Watson, 2013). 개인정보 보호도 일기의 주요 과제이다. 일기 작성자는 자신이 너무 많이 드러냈다고 판단하고 자신의 기록을 공유하지 않기로 결정할 수 있다(Pini & Walkerdine, 2011; Thomson & Holland, 2005). 아마도 일기의 가장 큰 단점은 연구 참여자의 피로감일 것이다. 일기의 작성 과정은 지속 가능하지 않을 수 있는 시간, 헌신, 동기를 필요로 한다. 이러한 과제에도 불구하고, 연구 참여자가 글을 쓸 시간과 의향이 있고, 인센티브가 제공되며, 연구자들이 지속적인 지원과 피드백, 격려를 제공하는 경우, 정기적인 일기 기록을 이끌어 내는 것이 가능하다(Bartlett & Milligan, 2015; Bytheway, 2011, 2012; Monrouxe, 2009).

▸ 미래 에세이 쓰기

미래에 대한 탐색은 질적 종단 인터뷰에 필수적이며, 일반적으로 생애 지도를 사용하여 도출된다. 연구자들은 약 30분 정도의 시간 동안 작성할 수 있는 포부, 계획, 소망, 두려움에 대한 짧은 서면 기록을 요청할 수도 있다. 주로, 이러한 도구들은 종단연구보다는 스냅사진, 공시적(synchronic) 연구에 활용되어 왔다[「국가 아동 발달 연구(National Child Development Study)」의 1958년 코호트, 「시간 풍경 연구(The Timescapes Study)」는 예외임]. 선행 연구에서 Veness(1962)는 학교를 졸업하는 학생들에게 노년기의 관점에서 자신의 삶을 돌아보고 있다고 상상하고 그사이의 삶의 이야기를 쓰도록 요청했다. 최근의 여러 연구에서도 유사한 작업이 수행되었는데, 가장 주목할 만한 것은 1969년 「국가 아동 발달 연구」의 1958년 코호트, 1978년 「세피섬 연구(Isle of Sheppey Study)」와 2010년 재연구, 2007년 「시간 풍경 연구」이다(Crow & Lyon, 2011; Elliott, 2010b; Elliott & Morrow, 2007; Lyon & Crow, 2012; Pahl, 1978; Winterton & Irwin, 2011).

Veness(1962)의 연구처럼 연구자들은 연구 참여자들에게 가상의 노후 생활을 가정하고 과거를 회고하거나 현재로부터 몇 년 후를 상상하도록 요청할 수 있다. 예를 들면, 「국가 아동 발달 연구」의 1958년 코호트와 「시간 풍경 연구」의 10대들은 자신들이 25세가 되었다고 상상하고 그때의 삶을 서술하도록 요청받았다. 「시간 풍경 연구」의 서술은 인터뷰 중에 생성된 짧은 노트 형식의 기록부터 인터뷰 사이에 생성된 보다 자세한 녹취록에 이르기까지 다양했다. 독립적으로 작성된 글들은 연구자에게 우편으로 보내거나 다음 인터뷰에 가져오도록 하여 추가 논의를 위한 기초 자료로 활용했다. 이러한 방식으로 연구자들은 연구 참여자의 에세이(essays)를 젊은이들의 배경 및 삶의 변화에 대한 인터뷰 데이터의 맥락 안에 넣을 수 있었다(Winterton & Irwin, 2011, 2012).

미래에 대한 기록은 두 가지 목적을 가지고 있다. 이러한 기록은 그것이 작성된 당시의 시대를 반영하여 구조적 기회와 제약이 어떻게 젊은이들의 포부를 형성시키는지를 보여 준다(Sanders & Munford, 2008). 이 기록은 젊은이들의 정체성 형성, 가족, 집, 여가 및 직장 생활에 대한 전망, 이러한 과정에 대한 구조적 결정요인(계급, 성별, 가족 배경)의 영향을 탐구하는 데 사용되었다(Hallden, 1994, 1999; McDonald et al., 2011; O'Connor, 2006; Patterson, Forbes, & Peace, 2009; Sanders & Munford, 2008; Winterton & Irwin, 2011). 동시에 이러한 기록들은 역사적 가치뿐만 아니라 생애사적 가치를 가진다. 이것은 역동적인 삶의 과정을 밝힐 수 있으며, 구체적으로 과거와 미래가 어떻게 얽혀 있는지, 다양한 생애과정의 시점에서 미래에 대한 포부와 우선순위가 어떻게 변화하는지를 보여 줄 수 있다(Crow & Lyon, 2011; Patterson, Forbes, & Peace, 2009; O'Connor, 2006; Sanders & Munford, 2008). 그리고 어떤 미래의 경로가 선택되고, 유지되며, 포기되는지에 대한 메커니즘과 전환점에 대한 흥미로운 통찰을 제공한다(Crow & Lyon, 2011; O'Connor, 2006). 젊은이들이 얼마나 자신의 미래 삶을 계획하는지, 얼마나 현재에 갇혀 살아가는지도 탐구되었다(O'Connor, 2006). 상상했던 미래를 반복적으로 재검토하는 것은 미래에 대한 기대가 실제로 일어나는 일과 얼마나 맞는지에 대한 귀중한 통찰을 제공할 수 있다. 제2장에서 설명한 바와 같이 상상된 미래는 미래의 경로를 예측하지 못한다. 그러나 이러한 구성 자체가 다양한 자아상(possible selves)과 그것들을 실현할 수 있는 경로를 구체화할 수 있다(Hardgrove, Rootham, & McDowell, 2015; Lyon & Crow, 2012; Worth, 2009). 따라서 이러한 기록들은 변화의 씨앗에 대한 귀중한 통찰을 제공할 수 있다.

모든 쓰기 도구와 마찬가지로 미래에 대한 기록에도 단점이 있다. 서면 일기와 마찬가지로, 디지털 시대에 의사소통 방식의 변화로 인해 점점 구식으로 여겨지는 의사소통 형태의 사용은 제한될 수 있다(Lyon & Crow, 2012). 에세이는 글쓰기에 익숙한 학령기 청소년들에게 가장 효과적으로 사용되어 왔다(Veness, 1962). 한편, 성인들에게는 훨씬 덜 효과적일 수 있다는 증거가 제시되기도 했다(Henwood & Shirani, 2012). 이 과제를 연구 참여자들에게 제시하는 방식에는 주의가 필요하다. 제시 방식에 따라 기록이 신중하고 비교적 현실적인 기대를 반영할지, 아니면 공상으로 이어질 수 있는지에 영향을 미칠 수 있기 때문이다[후자의 경우, Hallden(1994, 1999) 참조]. 지시문의 표현 자체도 차이를 만들 수 있다(Winterton & Irwin, 2011). Veness(1962) 이후 대부분의 연구자는 연구 참여자들에게 개인 경험을 바탕으로 자신의 삶이 어떻게 전개될지 상상하여 현실적으로 미래에 대해 글을 쓰도록 안내했다. 일반적으로 이 방식은 잘 작동하며, 연구자들은 이러한 글쓰기가 드러낼 수 있는 강력하고 매력적인 통찰을 인정하고 있는 편이다(Crow & Lyon, 2011; Pahl, 1978).

도구 키트 구성하기

질적 종단연구 자료를 생성하는 데 사용되는 접근 방식들, 즉 도구(tools)와 기법(techniques)은 창의적인 방식으로 결합할 수 있는 상호보완적인 방법의 풍부한 팔레트를 형성한다. 시간이 지남에 따라 새로운 도구를 도입하거나 기술을 개선할 수 있는 여지가 있으며, 일부 연구자는 연구 참여자들의 관심을 끌기 위한 창의적인 도구들의 메뉴를 제시한다(Saldana, 2003; Weller, 2011). 인터뷰 방법은 종종 생애 지도와 서면 또는 음성 일기와 결합하여 시간적 통찰을 풍부하게 하고 연구 참여자의 참여와 관심을 지속하는 데 도움을 준다(Bytheway, 2012; Gordon et al., 2005; Monrouxe, 2009; Neale et al., 2015; Worth, 2011). 이러한 다양한 데이터소스는 과거와 미래를 교차하고 다양한 시간의 지평과 템포를 가로지르면서 서로 다른 시간성에 접근할 수 있게 한다. 대표적인 예로, Bornat과 Bytheway(2010)는 「가장 오래된 세대 연구(The Oldest Generation Study)」에서 생애사 인터뷰와 일기 기법을 결합했다. 이를 통해 그들은 광범위하고 집중적인 시간의 지평, 즉 고령자들의 일상적 삶의 우연성(contingencies)과 함께 수십 년에 걸친 오랜 세월의 변화 속에서 살아온 삶의 긴 흐름을 포착할 수 있었다.

마지막으로, 참여적 생애 매핑(participatory life mapping)과 글쓰기 도구는 대부분 생애사 인터뷰와 별도로 생성되거나 분석되지 않는다는 점을 유념할 필요가 있다(Zimmerman & Wieder, 1977). Plummer(2001: 3장)는 이러한 도구들을 생애 이야기의 부속물로 적절히 설명하며, 이를 더 큰 데이터세트 내에서 맥락화하고 추가적인 토론과 성찰을 위한 발판으로 활용할 수 있다고 했다. 전반적으로, 질적 종단연구의 엄격성을 유지하기 위해서는 연구 설계와 사례 결정을 고려하여 데이터 생성 기법과 도구를 신중하게 선택해야 한다. 특히 대규모 사례나 다양한 환경에서 연구를 실행할 때 연구 참여자들(그리고 연구자들)이 현장 조사 과정을 복잡하게 만들고 추가적인 과제가 제시되는 다양한 활동으로 인해 과부하가 발생하지 않도록 해야 한다. 마찬가지로, 후속 작업에서 새로운 현장 도구가 도입되면 연속성이 손실되어 시간이 지나면서 비교 데이터 분석 능력이 감소할 수 있다. 이러한 함정을 피하고자 대부분의 질적 종단연구자는 신중하게 선택된 참여 도구들을 개별적으로 활용하면서 인터뷰 또는 문화기술지적 접근을 활용한다.

질적 종단 분석

질적 종단연구 실행의 모든 차원 중에서 분석은 가장 복잡하고 가장 잘 문서화되어 있지 않은 부분이다. 사회에 대한 새로운 통찰을 제공할 수 있는 해석을 구축하는 것은 전통적으로 모호하고 '신비로운' 과정 또는 '우연히 발견되는 것'으로 간주되어 왔다(Ritchie & Lewis, 2003: 199). 연구자들은 접근법에 대한 명확한 논리와 근거를 필요로 하지만, 질적 종단연구에서는 확고한 규칙이나 절차가 없으며, 분석 전략은 프로젝트마다 다르다(예: Hermanowicz, 2016; Lewis, 2007; Saldana, 2003; Thomson, 2007; Vogl et al., 2017). 또한 분석 전략은 프로젝트 내에서 발전할 수 있으며(Henderson et al., 2012), 여러 분석 전략이 다양한 코호트 및 하위 사례에 대하여 동시에 사용될 수도 있다(Calman, Brunton, & Molassiotis, 2013). 주로 질적 종단 분석은 포괄적인 시간적 프레임 내에 사례 및 주제 분석의 일반적인 방식을 활용한다.

제3장에서 설명한 바와 같이, 사례, 주제 및 시간에 걸친 작업의 개념적 논리는 시간적 샘플링의 기반을 제공한다. 여기서 이 같은 논리는 분석 과정을 형성하는 데 사용된다. 시간적 조사에 적합한 다양한 전문 분석 도구와 기법도 활용될 수 있다. 프레임워크 분석(다음의 설명)이 아마도 가장 널리 사용되는 도구일 것이다. 이와 더불어 내러티브 분석(생애 이야기의 내용 그리고/또는 구조적 순서와 진행에 대략 초점), 해석현상학적 분석(interpretative phenomenological analysis) 및 근거이론(grounded theorizing)도 다양한 연구에서 채

택되고 있다(Andrews, Squire, & Tamboukou, 2008; Eisenhardt, 1995; Hermanowicz, 2016; Plummer, 2001; Rapley, 2016; Ritchie & Lewis, 2003). 다음 논의에서 분석 과정을 지원하는 개념적 비계(conceptual scaffolding)에 대해 개략적으로 설명하고자 한다. 그리고 질적 종단 분석 특유의 동력과 논리를 소개하고, 이 과정을 구조화하는 데 도움이 될 수 있는 다양한 부가적 · 기술적 도구를 살펴보고자 한다.

개념적 비계

일반적으로 질적 분석은 요약적 기록에서 서술적 · 설명적 기록으로, 사회 과정에 대한 세부적인 이해에서 더 넓은 이해로 이어지는 개념적 여정으로 이해될 수 있다(Saldana 2003). 이는 연구자가 다양한 추상화 수준 사이를 오가며 기술에서 해석으로 개념적 도약을 해야 하는 반복적인 과정이다. 질적 분석 과정에서는 추가적인 질문이 나타나고, 새로운 연결점이 발견되기도 하며, 더 복잡한 공식(formulations)이 만들어지기도 한다. 질적 분석은 분석을 하면 할수록 자료에 대한 이해가 깊어지는 '여러 고리 모양의 패턴'의 궤적을 띤다(Berkowitz, Srivastava, & Hopwood, 2009: 77). 이는 질적 종단 분석의 분석 여정을 가장 잘 설명하는 표현이다.

질적 종단연구 자료를 요약 · 기술 · 재구성하는 다양한 분석 도구가 질적 종단 분석을 지원하는 데 활용될 수 있다. 이러한 도구들은 사례 파일, 다이어그램, 표, 차트, 격자 등의 형태로 중요한 기능을 수행한다. 질적 종단 데이터세트의 크기와 복잡성으로 인해 데이터를 관리 가능한 비율로 압축하거나 요약하고, 동시에 압축된 자료가 원 데이터의 완전성과 의미를 보장하면서 새로운 구성으로 통합되는 것이 필요하다(Gale et al., 2013). 이 과정은 연구자가 데이터세트를 전체로 '보고(see)', 데이터를 새로운 방식으로 읽을 수 있게 한다. 분석 여정의 일부로, 동적 과정을 요약하고 설명하는 것은 시간적 분석의 다소 평범하고 기계적인 마무리를 나타낸다(Molloy, Woodfield, & Bacon, 2002 참조; Saldana, 2003에서 보다 자세히 설명). 그러나 Saldana(2003: 63-64, 158)가 인정하듯이, 이것은 연속성과 변화의 방법(어떻게)과 이유(왜)에 대한 고차원적인 설명적 통찰에 도달하는 과정의 첫 번째 단계일 뿐이다. 많은 연구자가 강조한 바와 같이, 어떠한 도구도 이러한 고차원적인 통찰을 스스로 생성할 수 없다. 이는 연구자의 해석 능력에 달려 있다. 질적 종단연구자들은 새로운 통찰을 공유하고 토론하며 사고를 더욱 날카롭게 하기 위해 계획된 정기적인 분석 토론(워크숍, 연구 워크숍 등)의 가치를 강조한다. 이러한 전체 과정은 '창의성과 체계적 탐색의 혼합, 영감과 부지런한 탐색의 혼합'을 요구한다(Ritchie & Lewis, 2003: 199).

이 분석적 여정을 개념적 사다리(ladder)나 비계(scaffolding)로 생각하는 것이 유용하다(Mills, 1959: 43; Ritchie & Lewis, 2003: 212-217; Wengraf, 2000: 142-143). 연구자들은 하위 수준의 경험적 데이터를 바탕으로 고차원적인 통찰과 이해를 위한 기초를 형성하는 요약 및 설명 파일을 만들면서 이 비계를 반복적으로 오르내린다. 상위 수준에서는 새로운 통찰을 더 넓은 지식과 증거로 시험한 다음(외부 검증), 원 데이터와 대조하여 확인하기 위해 비계 아래로 다시 이동한다(내부 검증). 새롭게 나타나는 증거와 기존 증거 사이의 '적합도(fit)'가 중심 초점(central focus)이며, 이는 '비계를 오르내리는 과정(shuttling up and down the scaffolding)'을 통해 가능해진다(Wengraf, 2000: 142). 이러한 방식으로 만들어진 설명적 기록은 기존 이론 및 증거와 관련되지만, 경험적 근거에 기반을 둔다.

질적 종단 분석 특유의 동력과 논리

질적 종단 분석은 시간에 따라 형성되는 특유의 동력(momentum)과 논리(logic)를 가지고 있다. 질적 종단 분석의 동력은 연구 기간 동안 증가한다. 시간적 분석은 현장 연구가 완료된 후에 이루어지는 공식적이고 전용적인 분석 단계에서 절정에 이른다. 그러나 이 단계에 국한되지 않는다. 이는 각 현장 연구의 흐름 안에서 구조화되고, 연구의 템포를 통해 점진적으로 구축되는 누적적이고 역동적인 과정이다. 데이터세트가 늘어남에 따라 시간적 패턴이 데이터 내에서 나타나기 시작한다. 데이터가 시간에 '얼어붙은' 것처럼 보이는 공시적인 '스냅사진' 자료는 앞뒤로 시간을 바라보는 통시적인, '과정적인' 자료로 변환된다(Neale & Flowerdew, 2003: 194). 이러한 공시적 및 통시적 이해의 통합은 시간적 분석의 기반이 된다(Barley, 1995; Thomson & Holland, 2003; Vogl et al., 2017).

질적 종단 분석의 논리는 복잡한 교차점을 파악하기 위해 사례,

주제, 시간을 넘나드는 작업을 포함한다. 이 과정은 데이터에 대한 다양한 읽기(multiple readings)를 포함하는 반복적이고 다차원적인 것이며, 연구자가 분석적 관점으로 전환하는 것을 필요로 한다. 각각의 읽기는 사례, 주제, 시간에 대한 조사를 포함하지만, 데이터세트에 대한 독특한 창을 제공하는 다른 출발점에서 수행된다. 이러한 다양한 읽기(사례, 주제, 시간)는 세 가지 '비교 축(axes of comparison)'으로 볼 수 있다(Barley, 1995). 종합하면, 질적 종단 분석을 통해 데이터세트의 다양한 측면을 파악할 수 있고, 역동적 과정에 대한 전체적인 통찰을 촉진하며, 시각의 폭과 깊이, 단기와 장기 시간 지평 사이의 균형을 만들 수 있다. 질적 종단연구 자료를 읽는 이러한 다양한 방법은 다음 절에서 더 자세히 살펴보고자 한다. 일반적으로 연구자들이 자신의 연구에 맞는 일련의 구조화된 분석 단계를 마련한다는 점은 주목할 가치가 있다(예: Lewis, 2007; Vogl et al., 2017). 다음 절에서 설명하는 과정은 사례 기반 분석으로 시작하여 주제 분석으로 이어지고, 데이터세트에 대한 전체적인 통합 분석으로 끝이 난다. 그러나 실제로는 이러한 과정들은 병렬적으로 전개되고 분석이 결실을 맺음에 따라 점차적으로 합쳐지기 시작한다.

사례 분석

사례 분석(case analysis)은 데이터에 대한 심층적인 사례 읽기(within-case reading)를 가리킨다. 사례가 개인, 가족, 조직 또는 다른 집단일 수 있지만, 그것은 독립적인 실체로 간주하여 자체적으로 분석된다. 이 접근법은 비교적(comparative)이며, 시간의 흐름에 따라 수집된 사례 데이터의 여러 부분을 종합하여 통시적 이해(diachronic understanding)를 생성한다. 데이터를 재배열함으로써 광범위한 글을 연대순으로 정리된 사례 프로파일(case profiles)로 전환할 수 있다(Bertaux & Delcroix, 2000; Eisenhardt, 1995; Miller, 2000: 19; Thomson, 2007). 연구자들은 전체 표본에 걸쳐 사례를 비교하기 전에 각 사례를 독립적으로 분석할 수 있으며[독립적 프로파일 분석 전략(independent profile analysis strategy)], 또는 개별 사례에 대한 보다 자세한 읽기 전에 전체 데이터세트에 대한 개요를 파악할 수 있다[프레임워크 접근(framework approach)]. 그들은 직관적으로 선택된 텍스트에 표시하고 여백에 메모를 하거나, 체계적으로 각 사례를 줄 단위로 작업할 수 있다. 아래에는 사례 분석(요약 및 기술)을 지원하는 도구들이 설명한다.

▸ 사례 분석 도구

요약 매핑 도구: 펜 초상화

펜 초상화(pen portraits)는 각 사례의 간략한 역사를 담은 짧은 문서이다(1~2쪽). 연구자가 작성하며, 현장 조사 단계에 대한 명확한 제목과 함께 연대순으로 구성된다. 이를 통해 개인 또는 집단의 주요 주제, 상황 및 발전 과정을 간단히 정리하고 강조할 수 있다. 표본 내 사례를 추적하기 쉽지 않기 때문에, 이러한 요약 도구는 매우 중요한 역할을 한다. 또한 보고서와 출판물의 부록으로 사용되어 사례에 대한 개요를 제공할 수 있다(예: Neale et al., 2015: 부록 5).

설명 도구: 사례 프로필/이력

설명 도구는 개인 또는 집단의 삶에 대한 보다 광범위한 연대기적 재구성을 만들어 낸다. 다양한 출처(인터뷰 녹취록, 현장 노트, 참여형 데이터)에서 추출되며, '두텁고 풍부한 설명(thick description)'을 허용한다. 이를 통해 사례가 전개되는 방식에 대한 심층적이고 총체적인 그림을 제시한다(Geertz, 1973; Smith, 2003; Thomson & Holland, 2003). 여기에는 '배경' 이야기와 미래의 희망과 계획이 포함될 수 있으며, 연구 기간 동안 과거와 미래에 대한 인식이 어떻게 변화하는지를 추적할 수 있는 귀중한 수단을 제공한다. 펜 초상화와 마찬가지로, 사례 프로필은 단계별로 구성되며 주제별 하위 제목이 있다. 이를 통해 자세히 조사할 수 있는 '통과선(through lines)'이 생성된다(Saldana, 2003). 설명 도구로서 사례 프로필은 본래 데이터세트와 밀접하게 연계되어 그 무결성을 유지한다. 예를 들어, 녹취록에서 주요 인용문을 삽입하고 프로필과 연구 참여자의 계정을 상호 참조할 수 있도록 페이지 참조를 추가한다. 시간이 지남에 따라 사례 프로필의 집합이 구축되어 표본 내에서 사례 간 비교의 기반을 제공할 수 있다.

서술적 사례 프로필은 연구자의 주관적 반성, 추측 및 새로운 통찰을 포함하는 사례 이력으로 발전될 수 있다(Brandon, Philip, & Clifton, 2017; Henderson et al., 2012; Thomson, 2007, 2010, 2011). 이러한 통찰은 직접 녹취록에 삽입되거나 여백 노트, 부록 또는 색상 글꼴로 나타날 수 있다. 이러한 도구는 높은 수준의 해석 개발에 기여하며, 연구자의 시간에 따른 해석 변화에 대한 귀중한 기록을 제공한다(Thomson & Holland, 2003).

사례 파일에 포함된 세부 사항의 수준에 관계없이, 이들은 데이터를 더 관리하기 쉽게 요약하는 역할을 해야 한다(Smith, 2003; Thomson, 2010b). 본래 데이터를 보완하기보다 복제하는 듯한 길고 상세한 파일은 분석적 가치가 감소할 수 있으며, 이를 구축하는 데 필요한 시간과 자원이 과도할 수 있다.

주제 분석

주제 분석(thematic analysis)은 주제 데이터에 대한 더 광범위하고 횡단적 읽기(cross-case reading)이다. 핵심 주제, 주제 및 의미의 실질적인 패턴이 도출되며, 관련 데이터가 주제별 묶음으로 모아진다. 이러한 주제는 기술적, 개념적 또는 시간적 성격을 가질 수 있다(예: 과거, 미래, 전환점). 질적 종단연구 주제는 동적이고 반복적이며 누적적인 의미를 가질 가능성이 높다. 예를 들어, 고용에 대한 관심은 고용 경로 또는 궤적의 관점에서 프레임으로 만들어질 수 있다. 데이터의 라벨링, 선별 및 재그룹화는 연구 질문, 개념적 로드맵 및 인터뷰 가이드에서 도출된 핵심 주제 및 하위 주제(주제 코드) 목록에 의해 이루어질 수 있다. 주제 목록은 선별된 인터뷰 전사본에 대한 체계적인 읽기를 통해 귀납적으로 정제될 수 있다. 주제 분석을 지원하는 도구는 다음에서 설명한다.

▸ 주제 분석 도구

QDA 소프트웨어

NVivo와 Dedoose와 같은 QDA 소프트웨어 도구는 데이터를 새로운 주제 구성으로 라벨링, 선별 및 재그룹화하는 과정을 지원한다. 이를 위해서는 주제 코드(thematic codes)의 목록을 사용하여 데이터를 체계적으로 줄 단위로 읽고 표시하는 작업이 필요하다. 광범위한 주제 코드의 수를 적절히 유지하면 코딩 과정에서 데이터가 파편화되거나 맥락에서 벗어나지 않도록 할 수 있다.

요약 매핑 도구: 주제 차트

주제 차트(thematic charts)는 전체 사례에 걸쳐 동적인 상황을 그래픽으로 보여 주는 '준비된 계산기(ready reckoners)'이다. 이는 연구자가 전체 사례와 연구 기간 동안의 핵심 주제를 신속하게 파악할 수 있도록 하는 중요한 압축 기능을 수행한다. 이를 통해 더 자세한 조사가 필요한 데이터의 동적 패턴을 식별할 수 있다(Saldana, 2003). 예를 들어, 「어린 아버지 추적 연구(Following Young Fathers Study)」에서는 연구 기간 동안 젊은 아버지들이 자녀와 지속적으로 접촉을 유지했는지, 그리고 교육, 고용, 주거 궤적의 특성, 안정성 또는 변동성을 한눈에 볼 수 있는 일련의 주제 차트가 작성되었다(Neale et al., 2015: 부록 2 및 3; Saldana, 2003). 이러한 차트는 프레임워크 또는 QDA 소프트웨어, Microsoft Office 소프트웨어의 활용은 물론 수동으로도 구축할 수 있다.

설명 도구: 프레임워크 그리드

프레임워크 그리드(framework grids)와 같이 구조화된 도구는 특히 시간에 따른 3차원 분석에 적합하다(Corden & Nice 2007; Lewis, 2007; Parkinson et al., 2016; Ritchie & Lewis, 2003). 프레임워크 그

리드는 영국 국립사회조사센터(National Center for Social Research)에서 처음 개발되었으며, 이후 NVivo QDA 소프트웨어에 통합되었다. A3 용지나 Microsoft Word 또는 Excel 소프트웨어를 사용하여 수동으로 제작할 수 있다(Swallow, Newton & Van Lottum, 2003).[2)]

이 그리드는 연구의 초점과 설계에 맞게 다양한 방식으로 구성할 수 있다(예: Brandon, Philip, & Clifton, 2017; Grossoehme & Lipstein, 2016; Lewis, 2007; Molloy, Woodfield, & Bacon, 2002; Neale et al., 2015). 일반적인 목적은 주요 주제를 사례와 시간 범위에 매핑하는 것이다(Lewis, 2007). 각 주요 주제에 대해 별도의 그리드를 구축한다. 예를 들어, 주거 여정 그리드에서는 수직축에 사례, 수평축에 시간 범위를 배치하고, 각 셀에 주거 데이터 요약과 전사본 참조 페이지를 기입한다. 이 데이터는 다양한 방식으로 읽을 수 있다. 수직 읽기를 통해 각 시점에서 표본 내 사례들의 다양한 주거 환경을 파악할 수 있다. 수평 읽기를 통해 각 사례의 시간에 따른 주거 여정 전개 과정을 파악할 수 있다. 결합된 '대각선(diagonal)' 읽기를 통해 전체 표본의 다양한 주거 여정을 시간에 걸쳐 비교할 수 있다. 즉, 수직 읽기, 수평 읽기, 대각선 읽기 등 다양한 방식으로 데이터를 해석할 수 있는 것이다(예: Neale et al., 2015: 부록 6). 이러한 다중 읽기(multiple readings) 기능은 높은 수준의 해석 개발을 지원한다. 또한 주제별 시간 범위에 사례를 매핑하는 그리드를 구축하는 것도 가능하다(예: Grossoehme & Lipstein, 2016; Neale et al., 2015: 부록 6).

2) 당시 연구자들은 NVivo Framework 소프트웨어가 연구팀 간 공동 분석을 지원하기에는 아직 안정성이 충분하지 않았다고 보고하고 있음. 따라서 다른 형식으로 그리드를 구축하거나 재구성해야 할 필요가 있었음.

통합 분석

통합 분석은 사례, 주제 및 시간적 데이터에 대한 교차 분석이다. 앞서 논의한 바와 같이, 시간 분석은 고유한 동력을 가지고 있다. 이는 연구의 템포를 통해 구조화되고 각각의 새로운 현장 조사를 통해 점진적으로 구축되며 데이터의 공시적 읽기와 통시적 읽기 사이의 반복을 포함한다. 연구가 진행됨에 따라 새로운 데이터의 생성은 필연적으로 전체 데이터세트를 재구성하고 재맥락화하여 새로운 데이터 집합을 만들어 냄으로써 다른 시간적 관점에서 새로운 통찰을 가능하게 한다. 이론적 포화와 분석적 종결(더 이상 새로운 것이 발생하지 않는 지점; Charmaz, 2006: 113)을 추구하는 전통적인 근거이론과 대조적으로, 질적 종단 분석의 동력은 사회적 과정에 대한 개방적이고 만화경적인(다양한) 관점을 만들어 낸다(Foster et al., 1979; Stanley, Thomson, & Holland, 2003에서 재인용).[3] 삶은 계속해서 구성되고 있기 때문에 연구의 각 사례에 대해 새로운 패턴과 의미가 지속적으로 나타나고 있다.

이러한 작업에 필요한 시간과 자원을 감안할 때 현장 조사의 각 단계 이후 데이터에 대한 전체적인 공시적 분석은 실현 가능성이 낮다(Calman, Brunton, & Molassiotis, 2013). 또한 그렇게 하는 것이 바람직하지도 않을 것이다. 과거의 삶과 미래의 포부에 대한 일부 통시적 데이터가 기준선에서 수집되겠지만, 그 범위는 이 시점에서 제

3) 샘플링과 관련된 이 주제에 대한 논의는 제3장에서 확인할 수 있음. 그러나 모든 근거이론화가 결정적인 종결을 추구하는 것은 아님. 예를 들어, Charmaz(2006, 6장)의 이론화는 강력한 해석적이고 구성주의적인 성격을 가지고 있으며, 연구자는 포화(saturation)를 대신하여 이론적 충분성의 개념을 채택했음.

한적일 것이다. 그러나 연구자가 다음 현장 방문을 준비하기 위해 각 단계 후에 인터뷰 전사본을 주의 깊게 읽는 것을 바탕으로 한 중간 공시적 분석(interim synchronic analysis)은 필요하다(Smith, 2003; Vogl et al., 2017). 데이터에서 신생 주제, 변칙 또는 퍼즐이 나타나기 시작하면 다음 단계에서 후속 조치를 취할 수 있다. 또한 기준선 단계에서 분석 도구를 설정할 수 있으며, 요약 또는 기술적 데이터는 각 후속 단계에 추가되어 시간적 그림을 구체화할 수 있다. 연구 기간 동안 이러한 중간 공시적 읽기(분석)는 점차 사회적 과정의 역동적인 그림으로 통합된다(Lewis, 2007; Smith, 2003; Van de Ven & Huber, 1995).

현장 조사가 종료됨에 따라 전체 데이터세트에 대한 전체적인 통합 분석(full-scale integrative analysis)의 절차에 다다른다. 여기에서 기술적인 수준의 분석이 해석적인 수준의 분석으로 개념적 도약이 이루어진다. 요약 및 설명 데이터 파일은 전체적으로 비교 및 종합되어 사례 내 및 사례 간, 주제 간, 연구 기간 동안 그리고 필요에 따라 앞뒤로 거슬러 오가며 유사점과 차이점을 식별한다. 분석적 시각은 단일 사례와 다중 사례 사이, 미시적 및 거시적 역사적 과정 사이, 단기 및 장기 시간 지평 사이, 전환, 궤적 및 일시적 메커니즘, 변화의 동인 및 억제 요인 사이를 오간다. 동적 과정에 대한 합리적인 설명은 기술적 세부 사항과 설명적 통찰이 풍부한 데이터세트에서 통합될 수 있다. 이 과정은 기존 증거와 관련한 전체 데이터세트의 체계적 조사, 데이터세트 전체에 적합한 유형화, 경로와 과정에 대한 이론적 모델의 구성을 해 날카로워진다(Ritchie & Lewis, 2003:

244-248).

질적 종단 분석을 진행할 때 염두에 두어야 할 두 가지 추가 고려사항이 있다.

첫째, 앞서 설명한 분석 도구들은 질적 종단 데이터세트를 읽는 다양하고 보완적인 방법을 제공한다. 사례, 주제, 시간 분석의 조합이 중요하며, 사례 프로파일링 및 매트릭스(프레임워크) 기반 도구가 일반적으로 결합되어 활용된다(예: Pollard, 2007). 그러나 앞서 설명한 모든 분석 도구 키트와 전략이 모든 프로젝트에 필요한 것은 아니다. 연구자는 이러한 도구를 신중하게 선택, 적용, 결합해야 하며, 데이터를 다양한 구성으로 재정렬하는 작업에 필요 이상의 노력을 들이거나 자원이 과도하게 소모되지 않도록 해야 한다. 이를 통해 분석 과정의 최종 목적에 대한 명확한 초점을 유지할 수 있을 것이다.

둘째, 사례, 주제, 시간에 걸쳐 작업하기 위해 선택한 전략이 무엇이든 연구 결과의 제시 방식을 구체화하기 위해 이러한 전략은 프로젝트의 특성에 맞게 조정되어야 한다. 연구자들은 연구의 인식론적 근거, 연구를 이끄는 연구 질문, 이를 형성하는 연구 설계 및 샘플링 결정, 특히 조사의 폭이나 깊이와 관련된 우선순위를 고려해야 할 것이다(제3장 참조). 예를 들어, 매우 작은 사례를 다루거나 심리사회적 렌즈를 사용하는 연구자들은 주제 및 시간적 통찰이 포함된 개별 사례를 중심으로 연구 결과를 구조화할 가능성이 더 높다(예: Coltart & Henwood, 2012; Compton-Lilly, 2017; Thomson, 2009, 2010a; Warin, 2010). 이와 반대로, 응용 분야에서 더 큰 사례를 다루거나 미시-거시 이해에 더 중점을 둔 연구자들은 시간적 과정 및 사례 연구 증거가 포함된 특정 주제를 중심으로 연구 결과를 구조화할 가능성이 더 높다(Henderson et al., 2007; Lewis, 2007; Neale & Davies, 2016; Smith, 2003). 두 접근 모두 그 차이에도 불구하고 고유의 가치가 있으며, 깊이 있는 설명력에 몰두하는 것에 동등하게 전념하고 있다.

나오며

이 장에서는 질적 종단연구 데이터를 생성하고 분석하는 복잡한 과정을 살펴보았다. 현장 조사의 단계를 통해 누적적인 그림을 구축하는 것은 본질적으로 반복적인 과정이며, 이 과정에서 현장 조사는 반성과 분석의 시기와 교차한다(Peterson Royce, 2005). 연구 과정의 다른 차원들과 마찬가지로, 이것은 지속성과 유연성, 창의성과 정밀성의 혼합을 요구하는 도전이 될 수 있다. 이러한 과정을 지원하고 공시적 및 통시적 통찰력의 풍부한 축적을 가능하게 하는 다양한 현장 도구와 기법이 존재한다. 다양한 현장 및 분석의 전통적 요소를 결합하고, 연구가 진행됨에 따라 새로운 도구와 기법을 활용할 수 있는 충분한 여지가 있다. 동시에 현장 조사가 흐트러질(unravel) 위험 또한 항상 존재한다. 어떤 도구와 기법을 사용하든, 그 사용에 대한 명확한 근거가 필요하며, 이를 시범 운영하고 신중하게 선택해야 한다.

질적 종단연구 데이터의 분석은 사례, 주제, 시간에 걸친 다중 읽기로 인해 특별한 도전 과제를 만들어 낸다(Thomson & Holland, 2003). 이러한 종단연구 데이터 분석은 분석적 시선의 지속적인 전환을 요구하는 많은 노력과 지적 활동을 필요로 하는 활동이다. 하지만 동시에 고무적인 과정이기도 하다(Philip, 2017). 사례와 주제 데이터를 통합된 전체로 구축하고, 이 과정에서 시간이 어떻게 관여하는지 파악하며, 전개되는 삶의 풍부한 만화경에 대한 통찰을 얻는 것은 연구자를 예기치 않고 압도적인 삶의 경험 영역으로 이끈다. 어떤 도전 과제가 있든 이는 매우 보람 있는 과정이다.

제6장

앞과 뒤를 바라보기: 질적 종단연구의 가치

이 책에서는 이론적 기반부터 연구 디자인 및 실습에 이르기까지 질적 종단연구의 윤곽을 살펴보았다. 마지막 장에서는 질적 종단연구방법론의 강점과 함께 도전 과제를 함께 논의한다. 질적 종단연구에는 여러 가지 흥미로운 매력이 있는데, 일례로 **'만들어지는**(in the making)**' 변화를 식별할 수 있는 능력**이 있다(Mills, 1959). 질적 종단연구는 삶을 형성하는 인간적인 요소, 전환의 경로가 펼쳐지는 다양한 방식, 그리고 연구 참여자 패널에서 이러한 경로가 어떻게, 왜 수렴되거나 분기되는지 밝힐 수 있다. 또한 질적 종단연구는 역동적 과정의 주관적 원인과 결과를 발견할 수도 있다. 지속되는 상태의 안정성 또는 관성, 변화의 계기(triggers)와 메커니즘, 이 과정을 형성하거나 수용하는 개인 및 그룹의 창의성, 탄력성 또는 취약성 등을 찾아낼 수 있다. 질적 종단연구는 **순환하는 힘**(recursive power)을 가지고 있으며, 이를 통해 개인은 자신의 생애사를 다시 쓰고, 변화하는 경험에 따라 삶의 내러티브를 지속적으로 포착하고 조정할 수 있다. 이 과정에서 산만하고(messy) 복잡하며 미묘하게 바뀌는 인간 경험의 다채로운 측면들이 밝혀지는 것이다(Farrall et al., 2014). 질적 종단연구자들은 다음과 같은 연구를 수행할 수 있다.

- 삶이 전개되는 사람들과 '실시간'으로 '함께 걷기'
- 수십 년 동안 광범위하게 연구 참여자를 추적하는 것
- 여정부터 목적지 도착까지 탐색하는 것
- 삶의 내적 논리, 인간의 주체성 및 주관성의 역할을 발견하는 것
- 삶의 과정과 시간의 경험적 차원을 포착하기 위해 창의적인 방법들의 팔레트(palette)를 조합하는 것
- 시간을 앞뒤로 오가며 과정적인 이해를 얻는 것
- 변화의 계기와 메커니즘을 조사하는 것
- 사회적 · 역사적 · 구조적 변화의 넓은 풍경 안에서 살아 있는 경험의 위치를 식별하는 것
- 현실의 프로세스를 반영하는 것
- 정책 개발 및 정책적 개입을 유연하게 추적 · 탐색 · 평가하는 것
- 연구의 필수적인 부분으로서 '현실 세상'에 영향을 미치는 것

질적 종단연구는 빠르게 변화하는 세상에서 사회적 과정의 역동성을 포착할 수 있는 창의적인 연구방법이다.

강점과 문제점 저울질하기

질적 종단연구의 종단적 틀은 여러 가지 이점과 기회를 제공하는 중요한 자원이지만, 연구 과정에서 문제를 야기하기도 한다(Pollard, 2007). 시간과 함께 연구하는 것은 결코 간단하지 않기 때문이다. 시간은 정교한 질문을 회피하고, 단정하고 깔끔하며 결정적인 분류와 설명을 거부하는, 미끄럽고 이곳저곳에 스며드는 존재이다. 연구자와 연구 참여자가 앞뒤를 바라보는 관점은 지속적으로 변화한다. **연구가 시작될 때의 미래 시간은 결론 시점에서는 과거 시간이 될 것이다**(Krings et al., 2013). 이것은 연구자에게 시간적 시선의 지속적인 전환을 요구하며, 지적인 부담을 부여한다. 이에 더하여, 질적 종단연구의 시간 프레임과 속도는 연구 참여자의 삶의 모멘텀(momentum)과 일치하지 않을 수 있으며, 질적 종단연구가 제공하는 시간의 창(temporal window)은 상대적으로 완만하거나 가파를 수 있다. 따라서 연구의 제한된 종단적 범위를 통해 실제로 얼마만큼을 밝혀낼 수 있는지 주의 깊게 성찰할 필요가 있다(Corden & Nice, 2007).

연구 과정에서의 순환적 특성은 보다 실체적이고 실질적인 장애물을 만든다. 동의 받기, 표본 모집하기, 데이터 생성 · 구성 · 분석하기 등은 **일회성 과업이 아니라 현장 조사가 운영됨에 따라 반복되는 과업**이다. 이 과정은 업무량이 과중하며 집요하고 끊이질 않는다. 또한 앞으로 나아가는 추진력을 가진 질적 종단연구는 **누적되는 특성**(cumulative nature)을 갖고 있어서 운영 과정을 더욱 복잡하게 만든다. 예를 들어, 종단 패널을 유지하기 위해서는 장기적인 윤리적

주의와 패널 구성원과 수년 동안 계속되는 관계를 위한 헌신이 필요할 수 있다. 또한 연구와 핵심적인 연구자들을 유지하기 위해 지속적인 자금을 확보해야 하는 압박감도 있다(Pollard, 2007). 연구 현장을 반복적으로 방문해야 하는 질적 종단연구는 한 번 방문하는 질적 연구에 비해 비용이 많이 드는 선택지이다.[1] 더욱이 시간이 지남에 따라 축적되는 복잡한 질적 종단 데이터세트를 관리하는 작업은 새로운 세대의 연구자들이 새로운 데이터를 발견함에 따라 급속도로 늘어난다(Foster et al., 1979; Saldana, 2003). 질적 종단연구자들 사이에서 '**데이터의 홍수**(data deluge)'라는 문제는 오랫동안 논의되어 온 것이다. Van de Ven과 Huber(1995: xiii)는 '시간이 지나면서 데이터가 천문학적으로 늘어나고, 훈련된 연구자의 정보 처리 능력에도 과부하가 걸리는 것'을 관찰했다. 유사하게 Pettigrew(1995: 111)는 '**데이터에 의한 질식사**(death by data asphyxiation), 즉 처음에는 시원하고 맑고 매력적인 수영장처럼 천천히 가라앉았지만, 지금은 끈적이는 메이플 시럽 덩어리가 됨'을 경고한다. 이러한 맥락에서 데이터 관리에 대한 엄격한 접근 방식을 갖춰 놓는 것이 중요하다(Neale et al., 2016).

마지막으로, 연구 과정에서 핵심적인 요소들이 명확함을 잃거나 진행 중에 수정되어야 할 때, 잘 구조화되고 정확한 연구를 유지해 왔던 노력들이 어려움에 봉착할 수 있다. 또한 급속하게 발전하는 정책 영역에서 해결책을 찾아야 하는 정책 연구에서의 펀딩 제공

1) 이 관점을 고려하면, 중간 규모의 질적 패널 연구의 경우에도 질적 종단연구 비용은 대규모 코호트 연구에 비해 적지 않음(Pearson 2016).

자(funders)는 새로운 주제를 도입하고 기존 주제를 포기하도록 유도할 수 있다(Corden & Nice, 2007). 이 같은 변수들은 전체적인 연구 과정에서의 불안정성을 생성할 수 있다. 이러한 장애물을 극복하기 위해서는 프로젝트를 관리하는 과정에서 유연성과 연속성, 창의성과 정확성 사이의 균형을 유지하는 것이 중요하다. 앞에서 설명한 다양한 문제를 해결하는 데 필요한 시간과 자원은 현실적으로 평가되고, 프로젝트의 계획 및 관리에 적극적으로 반영되어야 한다. 요약하면, 질적 종단연구자들은 충분한 시간, 풍부한 자원, 건강한 조직, 헌신, 체력, 행운, 그리고 여정과 최종 목적지의 가치에 대한 강한 믿음을 가져야 한다.

하지만 장애물이 무엇이든, 시간을 통해 전망적인 연구를 수행하는 것의 장점은 의심할 여지가 없다. 질적 종단연구자들은 연구 참여자의 변화하는 운명에 대한 지속적인 관심과 그들의 삶이 어떻게 전개되고 있는지에 대한 깊은 호기심에 의해 움직인다(Compton-Lilly, 2017; Warin, 2010). 삶이 어디로 나아가든 삶의 궤적을 따라가는 유연성, 시간의 흐름을 통해 변화하는 실천, 인식, 운명을 파악하는 능력, 새로운 이슈와 주제가 나타날 때 대처하는 능력 등은 질적 종단연구의 독특한 가치를 증명한다. 이 연구방법의 주요한 장점 중 하나는 사회적 과정을 반복적으로 이해하는 기회가 제공한다는 것이다. 반복은 단순히 도구적이고 반복적인 과업이나 피드백의 기계적 형태가 아니라 새로운 주제, 통찰, 이해가 나타나는 **지속적인 의미 형성의 성찰적 과정**으로 이해될 수 있다(Grbich, 2007; Silvastava & Hopwood, 2009). 반복은 새로운 의미에 도달하기 위해 새로운 생각을 발화하고 연소하는 다양한 방법으로 활용된다. 예를 들어, **반복은 과거, 현재, 미래에 대한 순환적인 이해, 동시적 및 통시적 읽기, 미시적 및 거시적 참조 틀, 기존 이론과 새로운 경험적 증거 간의 지속적인 상호작용**이다. 반복은 연구자와 연구 참여자의 이해 사이의 진동(oscillation)과 연구자와 실무자(practitioner) 사이의 경계면 전반에서의 건설적인 교류와 협력 작업이다. 이러한 모든 과정은 질적 종단연구의 종단적 프레임을 통해 개방적으로 이루어진다. 질적 종단연구에서의 다중적이고 반복적인 해석은 결정적인 증거를 생성할 수는 없지만, 특정 시간과 공간의 맥락에서 나타나는 역동적인 과정에 대한 설득력 있는 설명을 생성할 수 있다.

그리고 그다음은?

Ellwood(1998: 54)는 정책 결정에 대한 성찰에서 "역동적으로 생각할 때는 '그리고 그다음은(And then what)?'이라는 질문을 직시해야 한다."라고 말했다. 이 넓은 의미를 가진 질문은 다양한 해석과 응답을 줄 수 있지만, 특히 질적 종단연구의 목적지, 증거, 해석, 결과의 품질과 신뢰성, 실제 세상에 변화를 일으킬 수 있는 능력과 같은 핵심적인 문제를 고민하도록 만들어 준다. 이 중요한 방법론적 논의와 발전은 이 책의 여러 곳에서 다루어졌다(제2장과 제5장 등). 하지만 이 질문은 질적 종단연구자들에게 별다른 관심을 받지 못했으며, 앞으로는 이 부분에 대하여 깊은 고민이 필요하다(Calman,

Brunton, & Molassiotis, 2013). 예를 들자면, 질적 종단연구자들은 질적 종단연구 결과의 잠정적 특성, 분석 결과의 종결성 부족을 잘 알고 있다. 이러한 특성은 모든 시간 연구에 공통적이지만, 질적 종단연구의 템포에서 특히 명확하게 드러난다. '**볼 때마다 조금씩 다른 것이 보인다**'는 것이다(Stanley, Thomson, & Holland, 2003: 237에서 재인용). 분석 결과의 종결성 부족은 연구를 종료할 시기를 아는 데 문제가 될 수 있다(Thomson & Holland, 2003). 그러나 이것은 일반적으로 큰 문제로 여겨지지는 않는다(Farrall et al., 2014: 75). 연구가 진행되면서 시간 데이터와 해석의 변형적인 특성은 이 연구방법의 강점의 일부가 되기 때문이다. 이러한 특성은 이론적 포화(theoretical saturation)와 최종적인 결론(definitive conclusions)을 찾는 데 혼란을 초래하는 대신, 우리에게 복합하고 예측할 수 없는 사건과 그 영향의 거미줄을 통해 '만들어지는(in the making)' 풍경을 보여 준다. 그럼에도 불구하고, 분석적 종결의 부족 문제는 시간 연구의 증거에 대한 품질과 신뢰성을 고려하는 새로운 연구방법의 필요성을 시사하기도 한다. 본질적으로 **정해진 답이 없는 연구 형태**라고 할 수 있는 질적 종단연구에서의 증거에 대한 '시간적 고정성(temporal fixity)' 논쟁은, 질적 종단연구에서 신뢰성(reliability)과 타당성(validity)이 어떻게 이해되는지, 전반적으로 시간 연구의 질을 판단하기 위해 어떤 기준이 필요한지에 대한 후속 과제를 보여 준다.

'그리고 그다음은?'이라는 질문의 두 번째 차원은 질적 종단연구가 실제 세상에 변화를 만들 수 있는 잠재력이 있는지, 있다면 어떻게 이를 실현할 것인지에 관련이 있다. 정책 연구에서 질적 종단연구

방법론은 건강, 사회적 돌봄, 복지적 개입(welfare interventions) 등을 평가하는 데 점점 더 많이 사용되고 있다. 이 접근 방법은 유연하며 동시적인 발전에 기반을 두고 있기 때문에, 종단적 프레임은 정책과 연구협력진, 연구 참여자와의 생산적인 협력을 발전시킬 공간을 준다(제4장 참조). 연구협력진들은 어젠다 설정, 현장 조사 조정, 향후 방향 안내, 결과 배포 등 적극적인 역할을 할 수 있다(예: Neale & Morton, 2012; Neale et al., 2015). 1970년대에는 연구와 실행 간 경계가 중요한 관점으로 여겨졌고, 연구 과정은 일선형적이고 단방향적인 것으로 간주되었다. 이후 **지식 교류**(knowledge exchange)라는 보다 상호작용적인 개념이 대두되었고, 최근에는 지식 공동 구성(knowledge co-construction)이라는 개념이 등장했다. 이는 실무자에 의한 연구와 연구에 기반한 실무를 촉진하는 통합된 접근이다(Neale & Morton, 2012). 이 접근 방법의 매력은 연구 참여자들의 연구 프로젝트에 관한 주인의식을 불러일으키고, 연구 결과를 수용하도록 하기 위한 최적의 조건을 제공한다는 것이다. 또한 확장된 종단적 프레임을 가진 질적 종단연구는 정책 및 연구의 협력진들과 지식의 공동 구성을 촉진하는 데 이상적으로 적합하다. **권한 공유의 원칙**(the principle of shared authority)에 따라 연구하는 것은 종단적 문화기술지 연구자들을 힘들게 하는 윤리적 수렁(ethical quagmires)에서 벗어나는 데 도움을 준다(제4장 참조).

「어린 아버지 추적 연구(The Following Young Fathers Study)」는 이러한 접근 방식에 대한 유용한 사례를 제공한다. 연구의 초점과 연구 질문을 지역의 연구협력진들과 함께 개발했고, 연구협력진들은 프로젝트가 진행되는 6년 동안 헌신적인 파트너가 되어 주었다. 법적인 영역과 자원봉사 기관들을 아우르는 전략적인 연구협력진 그룹을 구성하는 것도 매우 효과적이었으며, 이를 통해 정책 및 실무 발전에 관한 아이디어를 공유할 수 있는 포럼을 만들어서 협력적으로 연구를 수행할 수 있었다. 1년 동안 연구협력진이 주도하는 방식으로 정책 및 실무가 진행되는 과정을 이 연구에 포함시킴으로써 경험적 연구로부터 매끄럽게 이어진 '어린 아버지 지원(Supporting Young Dads)'이 원활하게 진행되었다. 연구팀이 주관한 이 도전을 통해 연구의 결과가 직접적으로 새로운 실천에 반영될 수 있음을 증명했다. 연구협력진들은 특히 교도소에서 석방된 어린 범죄자 아버지를 지속적으로 지원하는 새로운 방안을 개발하고, 실험하고 테스트했다. 또한 연구협력진들은 어린 아버지 공동체(Young Dads Collective) 북부 지부의 후원을 받으며, 젊은 아버지들을 '경험에 의한 전문가(experts by experience)'로 지원하고 훈련시켰다. 어린 남성들은 다양한 멘토링 및 교육을 받았고, 건강 및 사회복지 관련 실무자들을 효과적으로 가르치는 교육과정을 시범 운영할 수 있었다(Tarrant & Neale, 2017). 이 교육은 현재 다른 지역으로 확대되고 있다.

수년에 걸친 풀뿌리 연구는 지역에서 시작된 네트워크를 국가 정책 수준까지 끌어올렸다. 영국 국회의 아버지를 위한 모든 정당 그룹(All Party Parliamentary Group on Fatherhood)의 참여는 결정적 계기가 되었다. 현재 펀딩의 상황을 고려할 때, 이러한 영향력 있는 연구의 지속 가능성은 확실하지 않다. 그럼에도 불구하고 초기의 도전(initiative)은 어린 아버지들의 그룹과 주도적인 실무자들의 모임에 실체적인 변화를 가져왔으며, 가장 중요한 것은 어린 아버지들에 대한 깊은 이해를 통해 보다 폭넓은 문화적 변화를 촉진할 수 있었다는 것이다(Tarrant & Neale, 2017). 이 연구는 질적 종단연구가 정책의 내비게이션으로 사용될 수 있는 잠재력을 보여 주었다. 질적 종단연구를 정책에 접목하면 새로운 정책을 정책 대상자와 함께 진행하며, 중요한 순간마다 사람들을 모아 협력하고, 앞으로의 정책 방향을 계획할 수 있는 것이다. 이 연구 사례를 통해 질적 종단연구가 실제 세상에 긍정적인 영향을 줄 수 있음을 입증했고, 정책 연구에서 종단연구가 가치 없다는 비판을 반박할 수 있었다.

탐색적이고 유연하며 창의적인 방법론인 질적 종단연구는 지속적으로 발전되는 중이며, 새로운 연구의 어젠다를 생성하고 경험적 조사를 정련할 수 있는 흥미로운 가능성을 제공하고 있다. 특히 미래에 주목해야 할 점은 혼합 종단연구방법론(mixed longitudinal methodologies)을 발전시킬 수 있는 가능성, 예술 기반 방법론(arts-based methodologies)의 성장, 연구 설계 및 실행을 위한 디지털 기술의 잠재력 및 현장에서의 시간 연구의 가치, 질적 종단 데이터의 보존, 발견, 재사용을 위한 데이터 인프라 및 방법론의 진보 등이다. 종단적 프레임은 그 자체로 방법론적 혁신을 위한 풍부한 기회를 제공한다. 예를 들어, 시간의 흐름에 따라 협력적인 관계 및 네트워크를 구축하고, 상상력이 풍부한 연구 도구와 기법을 개발하고 정제할 수 있으며, 창조적이고 참여적인 성과와 결과물의 형태를 만들 수 있다(예: 전시회, 창작 글쓰기 프로젝트, 드라마 및 영화 제작; Johnson, 2015; Land & Patrick, 2014).

이론적 발전의 잠재력도 매우 크다. 모든 다양한 형태의 시간 연구는 여전히 개방된 분야이며, 시간 이론 및 연구의 실천 간의 접점에서 새로운 탐구 영역이 있다. 질적 종단연구방법론은 종단 및 생애과정 연구의 범위 내에서 통합된 역할을 맡고, 질적 시간 연구의 분야 내에서 그 위치를 인정받고 빠르게 성장할 것이다. 시간을 통해 질적 연구를 하는 것은 의심의 여지없이 문제를 가져온다. 그러나 열정적인 옹호자의 관점에서 볼 때 장점이 훨씬 크다. 시간과의 관계는 미지의 세계로의 도약, 보이는 것 너머를 볼 수 있는 능력을 필요로 한다. 질적 종단연구자들은 자신의 연구가 어디로 이어질지, 얼마나 오랫동안 지속될지, 또는 무엇을 발견할 수 있을지 정확히 알지 못할 수 있지만, 그 연구 과정에서 몇 가지 강력한 통찰력을 발견할 수 있을 것이다. 질적 종단연구는 연구의 환경 변화에 대응하면서, 다양하고 창의적인 방식으로 역동적 과정을 조사하는 것 이상을 수행할 수 있을 것이다(Vogl et al., 2017). 이와 같은 질적 종단연구의 무궁무진한 가능성은 연구자와 연구 참여자가 함께 걸으며 인간 경험의 흐름을 읽는 독특하고 강력한 능력에서 비롯된다.

◆ 참고문헌

Abbott, A. (2001). *Time matters: One theory and method.* University of Chicago Press.

Abrams, P. (1982). *Historical sociology.* Cornell.

Adam, B. (1990). *Time and social theory.* Polity.

Adam, B., & Groves, C. (2007). *Future matters: Action, knowledge, ethics.* Brill.

Agar, M. (1980). *The professional stranger.* Academic Press.

Alheit, P. (1994). Everyday time and life time: On the problems of healing contradictory experiences of time. *Time & Society, 3*(3), 305–319.

Andrews, M. (2007). *Shaping history: Narratives of political change.* Cambridge University Press.

Andrews, M. (2008). Never the last word: Revisiting data. In M. Andrews, C. Squire & M. Tamboukou (Eds.), *Doing narrative research* (pp. 86–101). Sage.

Andrews, M., Squire, C., & Tamboukou, M. (Eds.). (2008). *Doing narrative research.* Sage.

Back, L. (2007). *The art of listening.* Berg.

Baraitser, L. (2013). Mush time: Communality and the temporal rhythms of family life. *Families, Relationships and Societies, 2*(1), 147–153.

Barley, S. (1995). Images of imaging: Notes on doing longitudinal fieldwork. In G. Huber, & A. Van De Ven (Eds.), *Longitudinal field research methods* (pp. 1–37). Sage.

Barnard, A. (2012). Widening the net: Returns to the field and regional understandings. In S. Howell, & A. Talle (Eds.), *Returns to the field: Multi–temporal research and contemporary anthropology* (pp. 230–249). Indiana University Press.

Bartlett, R., & Milligan, C. (2015). *What is diary method?.* Bloomsbury.

Bastian, M. (2014). Time and community: A scoping study. *Time and Society.* [published online].

Bates, C., & Rhys-Taylor, A. (Eds.). (2017). *Walking through social research.* Routledge.

Bell, C., & Newby, H. (1971). *Community studies.* George Allen & Unwin.

Bertaux, D. (Ed.). (1981). *Biography and society: The life history approach in the social science.* Sage.

Bertaux, D., & Delcroix, C. (2000). Case histories of families and social process. In P. Chamberlayne, J. Bornat, & T. Wengraf (Eds.), *The turn to biographical methods in social science* (pp. 71–89). Routhledge.

Berthoud, R. (2000). Introduction: The dynamics of social change. In R. Berthoud, & J. Gershuny (Eds.), *Seven years in the lives of British families: Evidence on the dynamics of social change from the British Household Panel Survey* (pp. 1–20). Policy Press.

Berthoud, R., & Gershuny, J. (Eds.). (2000). *Seven years in the lives of British Families: Evidence on the dynamics of social change from the British Household Panel Survey.* Policy Press.

Birch, M., & Miller, T. (2002). Encouraging participation: Ethics and responsibilities. In M. Mauthner, M. Birch, J. Jessop, & T. Miller (Eds.), *Ethics in qualitative research* (pp.91–106). Sage.

Bishop, L. (2009). Ethical sharing and re-use of qualitative data. *Australian journal of Social Issues, 44*(3), 255–272.

Bishop, L., & Neale, B. (2010). Sharing qualitative and qualitative longitudinal data in the UK: Archiving strategies and development. *IASSIST quarterly,* 23–29.

Bishop, L., & Neale, B. (2012). *Data management for qualitative longitudinal researchers.* Timescapes Methods Guide Series, no.17. [published online, www.timescapes.leeds.ac.kr].

Bishop, L., & Kuula-Luumi, A. (2017). Revisiting qualitative data reuse: A decade on. *Sage Open, 7*(1), 1-15.

Blows, E., Bird, L., Seymour, J., & Cox, K. (2012). Liminality as a framework for understanding the experience of cancer survivorship: A literature review. *Journal of Advanced Nursing, 68*(10), 2155-2164.

Bootsmiller, B., Ribisi, K., Mowbray, C., Davidson, W., Walton, M., & Herman, S. (1998). Methods of ensuring high follow up rates: Lessons from a longitudinal study of dual diagnosis participants. *Substance Use and Misuse, 33*(13), 2665-2685.

Bornat, J. (2004). *Oral history*. In C. Seale, G. Giampietro, J. Gubrium, & D. Silverman (Eds.), *Qualitative research practice* (pp. 34-47). Concise paperback edn. Sage.

Bornat, J. (2008). Biographical methods. In P. Alasuutari, L. Bickman, & J. Brannen (Eds.), *The Sage handbook of social research methods* (pp. 344-356). Sage.

Bornat, J. (2013). Secondary analysis in reflection: Some experiences of re-use from an oral history perspective. *Families, Relationships and Societies, 2*(2), 309-317.

Bornat, J., & Bytheway, W. (2008). Tracking the lives of the oldest generation. *Generations Review, 18*(4). [no page numbers].

Bornat, J., & Bytheway, W. (2010). Perceptions and presentations of living with everyday risk in later life. *British Journal of Social Work, 40*(4), 1118-1134.

Brandon, M., Philip, G., & Clifton, J. (2017). *Counting fathers in: Understanding men's experiences of the child protection system*. University of East Anglia.

Brannen, J. (2006). Cultures of intergenerational transmission in four generation families. *Sociological Review, 54*(1), 133-154.

Brannen, J. (2013). Life story talk: Some reflections on narrative on qualitative interviews. *Sociological Research Online, 18*(2). [published online].

Brannen, J., & Nilsen, A. (2002). Young people's time perspectives: From youth to adulthood. *Sociology, 36*(3), 513–537.

Brannen, J., Moss, P., & Mooney, A. (2004). *Working and caring over the twentieth century.* Palgrave.

Broad, R., & Fleming, S. (1981). *Nella Last's war: The Second World–War diaries of housewife 49.* Falling Wall Press.

Bronfenbrenner, U. (1993). Ecological models of human development. In *International Encyclopaedia of Education.* Volume 3 set, 2nd ed.

Brunswick, A. (2002). Phenomenological perspectives on natural history research: The longitudinal Harlem adolescent cohort study. In E. Phelps, F. Furstenberg, & A. Colby (Eds.), *Looking at lives: American longitudinal studies of the twentieth century* (pp. 219–244). Russell Sage Foundation.

Bryant, R. (2016). On critical times: Return, repetition and the uncanny present. *History and Anthropology, 27*(1), 19–31.

Burawoy, M. (2003). Revisits: An outline of a theory of reflexive ethnography. *American Sociological Review, 68*(5), 645–679.

Burton, L., Purvin, D., & Garrett–Peters, R. (2009). Longitudinal ethnography: Uncovering domestic abuse in low income women's lives. In G. Elder, & J. Giele (Eds.), *The Craft of Life Course Research* (pp. 70–92). Guilford Press.

Bury, M. (1982). Chronic illness as biographical disruption. *Sociology of Health and Illness, 4*(2), 167–182.

Bynner, J. (2007). Re–thinking the youth phase of the life course: The case for emerging adulthood. *Journal of Youth Studies, 8*(4), 367–384.

Bytheway, W. (2011). *Unmasking age.* Policy Press.

Bytheway, W. (2012). The use of diaries on qualitative longitudinal research. *Timescapes Methods Guides Series, No. 7.* [www.timescapes.leeds.

ac.uk].

Bytheway, W., & Bornat, J. (2012). The oldest generation as displayed in family photographs. In V. Ylanne (Ed.), *Representing ageing: Images and identities* (169–188). Palgrave Macmillan.

Calman, L., Brunton, L., & Molassiotis, A. (2013). Developing longitudinal qualitative designs: Lessons learned and recommendations for health services research. *BMC Medical Research Methodology, 13*(14). [published online]

Carlsson, C. (2012). Using turning points to understand processes of change in offending. *British Journal of Criminology, 52*(1), 1–16.

Chamberlayne, P., Bornat, J., & Wengraf, T. (Eds.). (2000). *The turn to biographical methods in social science.* Routledge.

Chaplin, D. (2002). Time for life: Time for being and becoming. In G. Crow, & S. Health (Eds.), *Social conceptions of time: Structure and process in work and everyday life* (pp. 215–229). Palgrave Macmillan.

Charles, N., Davies, C., & Harris, C. (2008). *Families in transition.* Policy Press.

Charles, N., & Crow, G. (2012). Introduction: Community re-studies and social change. *Sociological Review, 60,* 399–404.

Charmaz, K. (2006). *Constructing grounded theory.* Sage.

Chase, S. (2005). Narrative enquiry: Multiple lenses, approaches, voices. In N. Denzin, & Y. Lincoln (Eds.), *Sage handbook of qualitative research* (pp. 651–678). 3rd Edn. Sage.

Clausen, J. (1995). Gender, contexts and turning points in adult lives. In P. Moen, G. Elder & K. Luscher (Eds.), *Examining lives in context: Perspectives on the ecology of human development* (pp. 365–389). APA Press.

Clausen, J. (1998). Life reviews and life stories. In J. Giele, & G. Elder (Eds.), *Methods of life course research: Qualitative and quantitative approaches* (pp. 189–212). Sage.

Cohler, B., & Hostetler, A. (2004). Linking life course and life story: Social change and the narrative study of lives over time. In J. Mortimer, & M. Sanahan (Eds.), *Handbook of the life course* (pp.555–576). Springer.

Coltart, C., & Henwood, K. (2012). On paternal subjectivity: A qualitative longitudinal and psychosocial case analysis of men's classed positions and transitions to first-time fatherhood. *Qualitative Research, 12*(1), 35–52.

Compton-Lilly, C. (2017). *Reading student's lives: Literacy learning across time.* Routledge.

Conover, S., Berkman, A., Gheith, A., Jahiel, R., Stanley, D., Geller, P., Valencia, E., & Susser, E. (1997). Methods for successful follow-up of elusive urban populations: An ethnographic approach with homeless men. *Bulletin of the New York Academy of Medicine, 74*(1), 90–108.

Corden, A., & Nice, K. (2007). Qualitative longitudinal analysis for policy: Incapacity benefits recipients taking part in 'Pathways to Work'. *Social Policy and Society, 6*(4), 557–570.

Corden, A., & Sainsbury, R. (2007). Exploring 'Quality': Research participants' perspectives on verbatim quotations. *International Journal of Social Research Methodology, 9*, 97–110.

Corsaro, W., & Molinari, L. (2000). Entering and observing in children's worlds: A reflection on a longitudinal ethnography of early education in Italy. In P. Christensen, & A. James (Eds.), *Research with children: Perspectives and practices.* Falmer.

Corti, L., Witzel, A., & Bishop, L. (Eds.). (2005). Secondary analysis of qualitative data. *Forum: Qualitative Social Research, 6*(1). [published online].

Corti, L., Van den Eynden, V., Bishop, L., & Wollard, M. (2014). *Managing and sharing research data: A guide to good practice.* Sage.

Crow, G. (2002). Community studies: Fifty years of theorization. *Sociological*

Research Online, 7(3). [published online].

Crow, G. (2012). Community re-studies: Lessons and prospects. *The Sociological Review, 60*(3), 405–420.

Crow, G., & Heath, S. (Eds.). (2002). *Social conceptions of time: Structure and process in work and everyday life.* Palgrave Macmillan.

Crow, G., & Lyon, D. (2011). Turning points in work and family lives in the imagined futures of young people on the Isle of Sheppey in 1978. In M. Winterton, G. Crow, & B. Morgan-Brett (Eds.), *Young lives and imagined future: Insights from archived data.* Timescapes Working Paper no.6. [www.timescapes.leeds.ac.uk]

Crow, G., & Edwards, R. (Eds.). (2012). Perspectives on working with archived textual and visual material in social research: Editors' introduction. *International Journal of Social Research Methodology, 15*(4), 259–262.

Dearden, G., Goode, J., Whitfield, G., & Cox, L. (2010). *Credit and debt in low-income families.* Joseph Rowntree Foundation.

Dempster-McClain, D., & Moen, P. (1998). Finding respondents in a follow-up study. In J. Giele, & G. Elder (Eds.), *Methods of life course research: Qualitative and quantitative approaches* (pp.128–151). Sage.

Denzin, N. (1989). *Interpretive biography.* Sage.

Desmond, D., Maddux, J., Johnson, T., & Confer, B. (1995). Obtaining follow-up interviews for treatment evaluation. *Journal of Substance Abuse Treatment, 12*(2), 95–102.

Duncan, S. (2012). Using elderly data theoretically: Personal life in 1949/50 and individualisation theory. *International Journal of Social Research Methodology, 15*(4), 311–319.

Du Plessis, C. (2017). The method of psychobiography: Presenting a step-wise approach. *Qualitative Research in Psychology, 14*(2), 216–237.

Edward, R., & Mauthner, M. (2002). Ethics and feminist research: Theory and practice. In M. Mauthner, M. Birch, J. Jessop, & T. Miller (Eds.), *Ethics in qualitative research* (pp.14–31). Sage.

Edwards, R., & Irwin, S. (Eds.). (2010). Lived experience through economic downturn in Britain: Perspectives across time and across the life course. *21st Century Society: Journal of the Academy of Social Sciences, 5*(2), 119–124.

Eisenhardt, K. (1995). Building theories from case study research. In G. Huber & A. Van de Ven (Eds.), *Longitudinal field research methods* (pp. 65–90). Sage.

Elder, G. (1974). *Children of the Great Depression: Social change in life experience.* University of Chicago Press.

Elder, G. (1985). Perspectives on the life course. In G. Elder (Ed.), *Life Course dynamics: Trajectories and transitions, 1968–1980* (pp. 23–49). Cornell University Press.

Elder, G. (1994). Time, human agency and social change: Reflections on the life course. *Social Psychology Quarterly, 57*(1), 4–15.

Elder, G. & Pellerin, L. (1998). Linking history and human lives. In J. Giele, & G. Elder (Eds.), *Methods of life course research: Qualitative and quantitative approaches.* Sage.

Elder, G., & Giele, J. (Eds.). (2009). *The craft of life course research.* Guilford Press.

Elliot, J. (2005). *Using narrative in social research: Qualitative and quantitative approaches.* Sage.

Elliott, J. (2010a). The Social Participation and Identity Project. *Ko'hort CLS Cohort Studies Newsletter,* Summer 2010. [www.cls.ioe.ac.uk].

Elliott, J. (2010b). Imagining gendered futures: Children's essays from the National Child Development Study in 1969. *Sociology, 44*(6), 1073–1090.

Elliott, J., Holland, J., & Thomson, R. (2008). Longitudinal and panel studies. In P. Alasuutari, L. Bickman, & J. Brannen (Eds.), *The Sage Handbook of Social Research Methods* (pp. 228–248). Sage.

Elliott, J., Miles, A., Parsons, S., & Savage, M. (2010). *The design and content of the 'Social Participation' study: A qualitative sub-study conducted as part of the age 50 (2008) sweep of the National Child Development Study.* Centre for Longitudinal Studies, CLS Working Paper 2010/3. [www.cls.ioe.ac.uk].

Elliott, J., & Morrow, V. (2007). *Imagining the future: Preliminary analysis of NCDS essays written by children at age 11.* Centre for Longitudinal Studies, CLS working paper 2007/1.

Ellis, C. (1995). Emotional and ethical quagmires in returning to the field. *Journal of Contemporary Ethnography, 24*(1), 68 – 98.

Ellwood, D. (1998). Dynamic policy making: An insider's account of reforming US welfare. In L. Leisering, & R. Walker (Eds.), *The dynamics of modern society* (pp. 49–59). Policy Press.

Entwisle, D., Alexander, K., & Olson, L. (2002). Baltimore beginning school study in perspective. In E. Phelps, F. Frankenberg, & A. Colby (Eds.), *Looking at lives: American longitudinal studies of the twentieth century* (pp. 167–193). Russell Sage Foundation.

ESRC. (2016). Framework for research ethics. available at: http://www.esrc.ac.uk/about-esrc/information/research-ethics.aspx (accessed 2016)

Fabian, J. (1983). *Time and the other: How anthropology makes its object.* Columbia University Press.

Falola, B. (2015). Life geo-histories: Examining formative experiences and geographies. In N. Worth, & I. Hardill (Eds.), *Researching the life course: Critical perspectives from the social sciences* (pp. 101–122). Policy Press.

Farrall, S., Hunter, B., Sharpe, G., & Calverley, A. (2014). *Criminal careers in transition.* Oxford University Press.

Farrall, S., Hunter, B., Sharpe, G., & Calverley, A. (2016). What 'works' when re-tracing sample members in a qualitative longitudinal study? *International Journal of Social Research Methodology, 19*(3), 287–300.

Farrell, C., Nice, K., Lewis, J., & Sainsbury, R. (2006). *Experiences of the Job Retention and Rehabilitation Pilot.* Department for Work and Pensions, Research Report no. 339. [published online].

Filer, A., & Pollard, A. (1998). Developing the Identity and Learning Programme: Principles and pragmatism in a longitudinal ethnography of pupil careers. In G. Walford (Ed.), *Doing research about education* (pp. 57–75). Falmer Press.

Filer, A., & Pollard, A. (2000). *The social world of pupil assessment: Processes and contexts of primary schooling.* Continuum.

Fincher, S. (2013). The diarist's audience. In L. Stanley (Ed.), *Documents of life revisited* (pp. 77–91). Routledge.

Firth, R. (1959). *Social change in Tikopia: Re-study of a Polynesian community after a generation.* George Allen and Unwin.

Flaherty, M. (2011). The textures of time: Agency and temporal experience. Temple University Press.

Flowerdew, J., & Neale, B. (2003). Trying to stay apace: Children with multiple challenges in their post-divorce family lives. *Childhood, 10*(2), 147–161.

Foster, G. (1979). Fieldwork in Tzintzuntzan: The first thirty years. In G. Foster, T. Scudder, E. Colson, & R. Kemper (Eds.), *Long-term field research in social anthropology* (pp. 165–184). Academic Press.

Foster, G. (2002). A half-century of field research in Tzintzuntzan. Mexico: A personal view. In R. Kemper, & A. Peterson Royce (Eds.), *Chronicling cultures: Long-term field research in anthropology* (pp.252–283). Altamira Press.

Foster, G., Scudder, T, Colson, E., & Kemper, R. (Eds.). (1979). *Long-term field research in social anthropology.* Academic Press.

Freeman, M. (2010). *Hindsight: The promise and peril of looking backward.* Oxford University Press.

Frith, H. (2011). Narrating biographical disruption and repair: Exploring the place of absent images in women's experiences of cancer and chemotherapy. In P. Reavey (Ed.), *Visual methods in psychology* (pp. 55–68). Routledge.

Furstenberg, F., Brooks-Gunn, J., & Morgan, S. (1987). *Adolescent mothers in later life.* Cambridge University Press.

Gale, N., Heath, G., Cameron, E., Rashid, S., & Redwood, S. (2013). Using the framework method for the analysis of qualitative data in multidisciplinary health research. *BMC Medical Research Methodology, 13*(117), 1–8.

Geertz, C. (1973). Thick description: Towards an interpretive theory of culture. In C. Geertz (Ed.), *The interpretation of cultures: Selected essays* (pp. 310–323). Basic Books.

George, L. (2009). Conceptualising and measuring trajectories. In G. Elder, & J. Giele (Eds.), *The craft of life course research* (pp.163–186). Guilford Press.

Gergen, K. (1973). Social psychology as history. *Journal of Personality and Social Psychology, 26*(2), 309–320.

Gershuny, J. (2000). *Changing times: Work and leisure in post-industrial society.* Oxford University Press.

Giddens, A. (1991). *Modernity and self identity: Self and society in the late modern age.* Polity.

Giele, J. (2009). Life stories to understand diversity: Variations by class, race and gender. In G. Elder, & J. Giele (Eds.), *The craft of life course research* (pp. 236–57). Guilford Press.

Giele, J., & Elder, G. (Eds.). (1998). *Methods of life course research:*

Qualitative and quantitative approaches. Sage.

Glaser, B., & Strauss, A. (1971). *Status passage.* Aldine.

Goodwin, J., & O'Connor, H. (2015). A restudy of young workers from the 1960s: Researching intersections of work and life course in one locality over 50 years. In N. Worth, & I. Hardill (Eds.), *Researching the life course: Critical perspectives from the social sciences* (pp. 63–80). Policy Press.

Gordon, T., Holland, J., Lahelma, E., & Thomson, R. (2005). Imagining gendered adulthood: Anxiety, ambivalence, avoidance and anticipation. *European Journal of Women's Studies, 12*(1), 83–103.

Gordon, T., & Lahelma, E. (2003). From ethnography to life history: Tracing transitions of school children. *International Journal of Social Research Methodology, 6*(3), 245–254.

Grandia, L. (2015). Slow ethnography: A hut with a view. *Critique of Anthropology, 35*(3), 301–317.

Grbich, C. (2007). *Qualitative data analysis.* Sage.

Grenier, A. (2012). *Transitions and the life course: Challenging the constructions of growing older.* Policy Press.

Grinyer, A. (2009). The anonymity of research participants: Assumptions, ethics and practicalities. *Pan, 12,* 49–58.

Grossoehme, D., & Lipstein, E. (2016). Analysing longitudinal qualitative data: The application of trajectory and recurrent cross-sectional approaches. *BMC Research Notes, 9*(136). [published online].

Guenette, F., & Marshall, A. (2009). Time line drawings: Enhancing participant voice in narrative interviews on sensitive topics. *International Journal of Qualitative Methods, 8*(1), 86–92.

Guillemin, M., & Gillam, L. (2004). Ethics, reflexivity and "ethically important moments" in research. *Qualitative Inquiry, 10*(2), 261–280.

Hackstaff, K., Kupferberg, F., & Negroni, C. (Eds.). (2012). *Biography and turning points in Europe and America.* Policy Press.

Hagan, J., & McCarthy, B. (1997). *Mean streets.* Cambridge University Press.

Halbwachs, M. (1992). *On collective memory.* Chicago University Press.

Hallden, G. (1994). Establishing order: Small girls write about family life. *Gender and Education, 6*(1), 3–18.

Hallden, G. (1999). 'To be or not to be?': absurd and humoristic descriptions as a strategy to avoid idyllic life stories–Boys write about family life. *Gender and Generation, 11*(4), 469 – 479.

Hammersley, M., & Atkinson, P. (1995). *Ethnography: Principles in practice.* 2nd edn. Routledge.

Hammersley, M., & Traianou, A. (2012). *Ethics in qualitative research: Controversies and contexts.* Sage.

Hanna, E., & Lau–Clayton, C. (2012). *Capturing past and future time in QL field enquiry: Timelines and relational maps.* Timescapes Methods Guide series, no. 5. [www.timescapes.leeds.ac.uk].

Harocopos, A., & Dennis, D. (2003). Maintaining contact with drug users over an 18 month period. *International Journal of Social Research Methodology, 6*(3), 261–265.

Harden, J., Backett–Milburn, K., Hill, M., & MacLean, A. (2010). Oh, what a tangled web we weave: Experiences of doing 'multiple perspectives' research in families. *International Journal of Social Research Methodology, 13*(5), 441–452.

Harden, J., Maclean, A., Backett–Milburn, K., & Cunningham–Burley, S. (2012). The 'family–work project': Children's and parents' experience of working parenthood Families. *Relationships and Societies, 1*(2), 207–222.

Hardgrove, A., Rootham, E., & McDowell, L. (2015). Possible selves in a precarious labour market: Youth, imagined futures and transitions to work in the UK. *Geoforum, 60*, 163–171.

Hareven, T. (1982). *Family time and industrial time: The relationship between family and work in a New England industrial community*. Cambridge University Press.

Hareven, T. (2000). (Ed.), *Families, history and social change: Life course and cross cultural perspectives*. Westview Press.

Hareven, T., & Masaoka, K. (1988). Turning points and transitions: Perceptions of the life course. *Journal of Family History, 13*, 271–289.

Harris, C. (1987). The individual and society: A processual view. In A. Bryman, W. Bytheway, P. Allatt, & T. Keil (Eds.), *Rethinking the life cycle* (pp. 17–29). Macmillan.

Heinz, W. (2003). Combining methods in life course research: A mixed blessing?. In W. Heinz, & V. Marshall (Eds.), *Social dynamics of the life course* (pp, 73–90). De Gruyter.

Heinz, W. (2009). Transitions: Biography and agency. In W. Heinz, J. Huinink, & A. Weymann (Eds.), *The life course reader: Individuals and societies across time* (pp. 421–429). Campus Verlag.

Heinz, W., Huinink, J., & Weymann, A. (Eds.). (2009). *The life course reader: Individuals and societies across time*. Campus Verlag.

Hemmerman, L. (2010). Researching the hard to reach and the hard to keep: Notes from the field on longitudinal sample maintenance. In F. Shirani, & S. Weller (Eds.), *Conducting qualitative longitudinal research: Fieldwork experiences*. Timescapes Working Paper Series, no. 2. [www.timescapes.leeds.ac.uk].

Henderson, S., Holland, J., McGrellis, S., Sharpe, S., & Thomson, R. (2007). *Inventing adulthoods: A biographical approach to youth transitions*. Sage.

Henderson, S., Holland, J., McGrellis, S., Sharpe, S., & Thomson, R. (2012). Storying qualitative longitudinal research: Sequence, voice and motif. *Qualitative Research, 12*(1), 16–34.

Henwood, K., & Shirani, F. (2012). *Extending temporal horizons.* Timescapes Methods Guides Series, no. 4. [www.timescapes.leeds.ac.uk].

Henwood, K., Shirani, F., & Finn, M. (2011). 'So you think we've moved, changed, the representation got more what?' Methodological and analytical reflections on visual (photo-elicitation) methods used in the Men as Fathers study. In P. Reavey (Ed.), *Visual methods in psychology* (pp. 330–345). Routledge.

Hermanowicz, J. (2016). Longitudinal qualitative research. In M. Shanahan, J. Mortimer, & M. Johnson (Eds.), *Handbook of the life course* (pp. 491–513). Volume 11. Springer.

Hockey, J., & James, A. (2003). *Social Identities across the life course.* Palgrave Macmillan.

Holland, J., & Edwards, R. (Eds.). (2014). *Understanding families over time: Research and policy.* Palgrave Macmillan.

Holland, J., & Thomson, R. (2009). Gaining a perspective on choice and fate: Revisiting critical moments. *European Societies, 11*(3), 451–469.

Holland, J., Thomson, R., & Henderson, S. (2006). *Qualitative longitudinal research: A discussion paper.* Working Paper, no. 21. London South Bank University.

Holmberg, D. (2012). Contingency, collaboration and the unimagined over thirty-five years of ethnography. In S. Howell, & A. Talle (Eds.), *Returns to the field: Multi-temporal research and contemporary anthropology* (pp. 95–122). Indiana University Press.

Holstein, J., & Gubrium, J. (2000). *Constructing the life course.* 2nd edn. General Hall.

Howell, S. (2012). Cumulative understandings: Experiences from the study of two Southeast Asian societies. In S. Howell, & A. Talle (Eds.), *Returns to the field: Multi-temporal research and contemporary anthropology* (pp. 153–179). Indiana University Press.

Howell, S., & Talle, A. (Eds.). (2012). *Returns to the field: Multi-temporal research and contemporary anthropology*. Indiana University Press.

Huber, G., & Van de Ven, A. (1995). (Eds.), *Longitudinal field research methods: Studying processes of organizational change*. Sage.

Hughes, K. (2011). *Ethics in qualitative longitudinal research: A special case?*. Presentation for the Timescapes QL methods training programme, University of Leeds.

Iantaffi, A. (2011). Travelling along rivers of experience: Personal construct theory and visual metaphors in research. In P. Reavey (Ed.), *Visual methods in psychology* (pp. 271–283). Routledge.

Irwin, S. (2013). Qualitative secondary analysis in practice: Introduction. *Families, Relationships and Societies, 2*(2), 285–288.

Irwin, S., Bornat, J., & Winterton, M. (2012). Timescapes secondary analysis: Comparison, context and working across datasets. *Qualitative Research, 12*(1), 66–80.

Irwin, S., & Winterton, M. (2014). Gender and work-family conflict: A secondary analysis of Timescapes data. In J. Holland, & R. Edwards (Eds.), *Understanding families over time: Research and policy* (pp. 142–160). Palgrave Macmillan.

Johnson, D. (2015). Not your stereotypical young father, not your typical teenage life. *Families, Relationships and Societies, 4*(2), 319 – 22.

Jost, G. (2012). Biographical structuring through a critical life event: Parental loss during childhood. In K. Hackstaff, F. Kupferberg, & C. Negroni (Eds.), *Biography and turning points in Europe and America* (pp. 125–142). Policy Press.

Kelly, A. (2008). Living loss: An exploration of the internal space of liminality. *Mortality, 13*(4), 335–350.

Kelly, J., & McGrath, J. (1988). *On time and method*. Sage.

Kemper, R., & Royce, A. P. (Eds.). (2002). *Chronicling cultures: Long term field research in anthropology.* Altamira Press.

King, H., & Roberts, B. (2015). Biographical research, longitudinal study and theorisation. In M. O'Neill, B. Roberts, & A. Sparkes (Eds.), *Advances in biographical methods: Creative applications* (pp. 106–122). Routledge.

Kohli, M. (1981). Biography: Account, text, method. In D. Bertaux (Ed.), *Biography and society* (pp. 61–75). Sage.

Krings, T., Moriarty, E., Wickham, J., Bobek, A., & Salamonska, J. (2013). *New mobilities in Europe: Polish migration to Ireland post 2004.* Manchester University Press.

Kupferberg, F. (2012). Conclusion: Theorising turning points and decoding narratives. In K. Hackstaff, F. Kupferberg, & C. Negroni (Eds.), *Biography and turning points in Europe and America* (pp. 227–259). Policy Press.

Land, E., & Patrick, R. (2014). *The process of using participatory research methods with film-making to disseminate research: Challenges and potential.* SAGE Research Methods Cases. London: Sage. [Report on the development of the Dole Animators Film. (2015). *All in this together? Are benefits ever a life style choice?.* www.doleanimators.org].

Lassiter, L. (2012). To fill in the missing piece of the Middletown puzzle: Lessons from re-studying Middletown. *The Sociological Review, 60*(3), 421–437.

Laub, J., & Sampson, R. (1998). Integrating quantitative and qualitative data. In J. Giele, & G. Elder (Eds.), *Methods of life course research: Qualitative and quantitative approaches* (pp. 213–230). Sage.

Laub, J., & Sampson, R. (2003). *Shared beginnings, divergent lives: Delinquent boys to age 70.* Harvard University Press.

Lee, J. (2015). Using a life history approach within transnational ethnography:

A case study of Korean New Zealander returnees. In N. Worth, & I. Hardill (Eds.), *Researching the life course: Critical perspectives from the social sciences* (pp. 183–198). Policy Press.

Leisering, L., & Walker, R. (Eds.). (1998). *The dynamics of modern society.* Policy Press.

Lemke, J. (2000). Across the scales of time: Artifacts, activities and meanings in ecosocial systems. *Mind, Culture and Activity, 7*(4), 273–290.

Leonard–Barton, D. (1995). A dual methodology for case studies. In G. Huber, & A. Van de Ven (Eds.), *Longitudinal field research methods: Studying processes of organizational change* (pp. 38–64). Sage.

Levi–Strauss, C. (1966). *The savage mind.* Chicago: Chicago University Press.

Lewis, J. (2007). Analysing qualitative longitudinal research in evaluations. *Social Policy and Society, 6*(4), 545–556.

Lewis, O. (1951). *Life in a Mexican village: Tepoztlan restudied.* University of Illinois Press.

Lewthwaite, S., & Bartlett, R. (2017). Diary methods: Voyages into the interior. *MethodsNews,* 2017, 2, 2.

Lindsey, R., Metcalfe, E., & Edwards, R. (2015). Time in mixed methods longitudinal research: Working across written narratives and large scale panel survey data to investigate attitudes to volunteering. In N. Worth, & I. Hardill (Eds.), *Researching the life course: Critical perspectives from the social sciences* (pp, 43–62). Policy Press.

Lopez–Aguado, P. (2012). Working between two worlds: Gang intervention and street liminality. *Ethnography, 14*(2), 186–206.

Loumidis, J., Stafford, B., Youngs, R., Green, A., Arthur, S., Legard, R., Lessof, C., Lewis, J., Walker, R., Corden, A., Thornton, P., & Sainsbury, R. (2001). *Evaluation of the New deal for disabled people personal adviser service pilot.* Department of Cocial Security Research Report, no. 144. [published online].

Lovgren, M., Hamberg, K., & Tishelman, C. (2010). Clock time and embodied time experienced by patients with operable lung cancer. *Cancer Nursing, 33*(1), 55–63.

Lynd, R., & Lynd, H. (1929). *Middletown: A study in contemporary American culture.* Harcourt Brace.

Lynd, R., & Lynd, H. (1937). *Middletown in transition: A study in cultural conflicts.* Harcourt Brace.

Lyon, D., & Crow, G. (2012). The challenges and opportunities of re-studying community on the Isle of Sheppey: Young people's imagined futures. *The Sociological Review, 60*(3), 498–517.

MacLean, A., & Harden, J. (2012). *Generating group accounts with parents and children in qualitative longitudinal research: A practical and ethical guide.* Timescapes Methods Guide Series, no. 8. [www.timescapes.leeds.ac.uk].

Macmillan, R., Arvidson, A., Edwards, S., Soteri-Proctor, A., Taylor, R., & Teasdale, S. (2011). *First impressions: Introducing the 'Real Times' third sector case studies.* Third Sector Research Centre, Working Paper 67. TSRC.

Macmillan, R., Arvidson, A., Edwards, S., Soteri-Proctor, A., Taylor, R., & Teasdale, S. (2012). *What happens next? Researching the Third Sector using qualitative longitudinal methods.* Timescapes Methods Guides Series, no. 15. [www.timescapes.leeds.ac.uk].

Mannay, D. (2015). *Visual, narrative and creative research methods.* Routledge.

Mannheim, K. (1952). The problem of generations. In P. Kecskemeti (Ed.), *Essays on the sociology of knowledge: The collected works of Karl Mannheim* (pp. 276–322). Vol 5. Routledge. (Original work published 1927).

Mauthner, N., & Parry, O. (2013). Open access digital data sharing: Principles, policies and practices. *Social Epistemology, 27*(1), 47–67.

May, J., & Thrift, N. (Eds.). (2001). *Timespace: Geographies of temporality.* Routledge.

McDonald, P., Pini, B., Bailey, J., & Price, R. (2011). Young people's aspirations for education, work, family and leisure. *Work, Employment and Society, 25*(1), 68–84.

McLeod, J. (2003). Why we interview now: Reflexivity and perspective in a longitudinal study. *International Journal of Social Research Methodology, 6*(3), 201–211.

McLeod, J., & Thomson, R. (2009). *Researching social change.* Sage.

McNaughton, C. (2008). *Crossing the continuum: Understanding routes out of homelessness, and examining 'what works'.* Simon Community Project.

Merrill, B., & West, L. (2009). *Using biographical methods in social research.* Sage.

Midgley, M. (2014). *Are you an illusion?.* Routledge.

Millar, J. (Ed.). (2007). Qualitative longitudinal research for social policy. *Social Policy and Society, 6*(4), 529–594.

Miller, R. (2000). *Researching life stories and family histories.* Sage.

Miller, T. (2005). *Making sense of motherhood: A narrative approach.* Cambridge University Press.

Miller, T. (2015). Going back: Stalking, talking and research responsibilities in qualitative longitudinal research. *International Journal of Social Research Methodology, 18*(3), 293–305.

Miller, T. (2017). *Making sense of parenthood: Caring, gender and family lives.* Cambridge University Press.

Miller, T., & Bell, L. (2002). Consenting to what? Issues of access, gatekeeping and informed consent. In M. Mauthner, M. Birch, J. Jessop, & T. Miller (Eds.), *Ethics in qualitative research* (pp. 53–69). Sage.

Mills, C. W. (1959). *The sociological imagination.* Oxford University Press.

Mitchell, C., De Lange, N., & Moletsane, R. (Eds.). (2017). *Participatory visual methodologies: Social change, community and policy*. Sage.

Molloy, D., Woodfield, K., & Bacon, J. (2002). *Longitudinal qualitative research approaches in evaluation studies*. Department for Work and Pensions, Working Paper no. 7. HMSO.

Monrouxe, L. (2009). Solicited audio diaries in longitudinal narrative research: A view from inside. *Qualitative Research, 9*(1), 81–103.

Moore, N. (2007). (Re)using qualitative data. *Sociological Research Online, 12*(3), 1–13.

Moore, N. (2012). The politics and ethics of naming: Questioning anonymization in (archival) research. *International Journal of Social Research Methodology, 15*(4), 331–340.

Morrow, V. (2009). *The ethics of social research with children and families in Young Lives: Practical experiences*. Young Lives, Working Paper Series, no. 53. Department of International Development. University of Oxford.

Morrow, V. (2013). Practical ethics in social research with children and families in Young Lives: A longitudinal study of childhood poverty in Ethiopia, Andhra Pradesh (India), Peru and Vietnam. *Methodological Innovations Online, 8*(2), 21–35.

Morrow, V., & Crivello, G. (2015). What is the value of qualitative longitudinal research with children and young people for international development?. *International Journal of Social Research Methodology, 18*(3), 267–280.

Neale, B. (2012). *Qualitative longitudinal research: An introduction to the Timescape's methods guides series*. Timescapes Methods Guide Series, no. 1. [www.timescapes.leeds.ac.uk].

Neale, B. (2013). Adding time into the mix: Stakeholder ethics in qualitative longitudinal research. *Methodological Innovations Online, 8*(2), 6–20.

Neale, B. (2015). Time and the life course: Perspectives from qualitative longitudinal research. In N. Worth, & I. Hardill (Eds.), *Researching the life course: Critical perspectives from the social sciences* (pp. 25–41). Policy Press.

Neale, B. (2016). Introduction: Young fatherhood: Lived experiences and policy challenges. *Social Policy and Society, 15*(1), 75–83.

Neale, B. (2017a). *Generating data in qualitative longitudinal research: A review of field tools and techniques.* Timescapes Working Paper, no. 8. [www.timescapes.leeds.ac.uk].

Neale, B. (2017b). *Research data as documents of life.* Guest–Post, no. 13. [www.bigqlr.ncrm.ac.uk].

Neale, B., & Bishop, L. (2012). The Timescapes Archive: A stakeholder approach to archiving qualitative longitudinal data. *Qualitative Research, 12*(1), 53–65.

Neale, B., & Davies, L. (2016). Becoming a young breadwinner? The education, employment and training trajectories of young fathers. *Social Policy and Society, 15*(1), 85–98.

Neale, B., & Flowerdew, J. (2003). Time, textures and childhood: The contours of longitudinal qualitative research. *International Journal of Social Research Methodology, 6*(3), 189–199.

Neale, B., & Flowerdew, J. (2004). *Parent problems! Looking back at our parents. divorce.* East Molesey, Surrey, Young Voice.

Neale, B., & Flowerdew, J. (2007). New structures, new agency: The dynamics of child–parent relationships after divorce. *International Journal of Children's Rights, 15*(1), 25–42.

Neale, B., Henwood, K., & Holland, J. (2012). Researching lives through time: The Timescapes approach. *Qualitative Research, 12*(1), 4–15.

Neale, B., Lau–Clayton, C., Davies, L., & Ladlow, L. (2015). *Researching the lives of young fathers: The Following Young Fathers study and dataset.* Briefing Paper, no. 8. [www.followingfathers.leeds.ac.uk].

Neale, B., & Morton, S. (2012). *Creating impact through qualitative longitudinal research.* Timescapes Methods Guides Series, no. 20. [www.timescapes.leeds.ac.uk].

Neale, B., Proudfoot, R., Blyth, G., Hughes, K., & Phillips, B. (2016). Managing qualitative longitudinal data: A practical guide. [www.timescapesarchive.ac.uk].

Negroni, C. (2012). Turning points in the life course: A narrative concept in professional bifurcations. In K. Hackstaff, F. Kupferberg, & C. Negroni (Eds.), *Biography and turning Points in Europe and America* (pp. 41–64). Policy Press.

Neumann, I. (2012). Introduction to the forum on liminality. *Review of International Studies, 38*, 473–479.

Nielsen, H. B. (2003). Historical, cultural and emotional meanings: Interviews with young girls in three generations. *NORA (Nordic Journal of women's studies), 11*(1), 14–26.

Nowotny, H. (1994). *Time: The modern and postmodern experience.* Polity Press.

O'Connor, H., & Goodwin, J. (2010). Utilising data from a lost sociological project: Experiences, insights, promises. *Qualitative Research, 10*(3), 283–298.

O'Connor, H., & Goodwin, J. (2012). Revisiting Norbert Elias's sociology of community: Learning from the Leicester re-studies. *The Sociological Review, 60*, 476–497.

O'Connor, P. (2006). Young people's construction of the self: Late modern elements and gender differences. *Sociology, 40*(1), 107–124.

O'Neill, M., Roberts, B., & Sparkes, A. (Eds.). (2015). Advances in biographical methods: Creative applications. Routledge.

O'Reilly, K. (2012). Ethnographic returning, qualitative longitudinal research and the reflexive analysis of social practice. *The Sociological Review, 60,* 518–536.

Ottenberg, S. (1990). Thirty years of field notes: Changing relationships to the text. In R. Sanjek (Ed.), *Fieldnotes: The making of anthropology.* Cornell University Press.

Pahl, R. (1978). Living without a job: How school leavers see the future. *New Society,* 2nd November, 259–262.

Parkinson, S., Eatough, V., Holmes, J., Stapley, E., & Midgley, N. (2016). Framework analysis: A worked example of a study exploring young people's experiences of depression. *Qualitative Research in Psychology, 13*(2), 109–129.

Patrick, R. (2012). *Recruiting and sustaining population samples over time.* Timescapes Methods Guide Series, no. 3. [www.timescapes.leeds.ac.uk].

Patrick, R. (2017). *For whose benefit? The everyday realities of welfare reform.* Policy Press.

Patterson, L., Forbes, K., & Peace, R. (2009). Happy, stable and contented: Accomplished ageing in the imagined futures of young New Zealanders. *Ageing and Society, 29,* 431–454.

Pawson, R. (2006). *Evidence-based policy: A realist perspective.* Sage.

Pearson, H. (2016). *The life project.* Allen Lane.

Pember Reeves, M. (2008). *Round about a pound a week.* London: Persephone Books.(Original work published 1913).

Perks, R., & Thomson, A. (Eds.). (2016). *The oral history reader.* 3rd edn. Routledge.

Pettigrew, A. (1995). Longitudinal field research on change: Theory and practice. In G. Huber, & A. Van de Ven (Eds.), *Longitudinal field research methods* (pp. 91–125). Sage.

Phelps, E., Furstenberg, F., & Colby, A. (Eds.). (2002). *Looking at lives:*

American longitudinal studies of the twentieth century. Russell Sage Foundation.

Philip, G. (2017). *Working with qualitative longitudinal data.* Guest Blog. [http://bigqlr.ncrm.ac.uk].

Pilcher, J. (1994). Mannheim's sociology of generations: An undervalued legacy. *British Journal of Sociology, 45*(3), 481–495.

Pini, M., & Walkerdine, V. (2011). *Girls on film: Video diaries as autoethnography.* In P. Reavey (Ed.), *Visual methods in psychology* (pp. 139–152). Routledge.

Plummer, K. (2001). *Documents of Life 2: An invitation to a critical humanism.* Sage.

Plumridge, L., & Thomson, R. (2003). Longitudinal qualitative studies and the reflexive self. *International Journal of Social Research Methodology, 6*(3), 213–222.

Pollard, A. (2007). The Identity and Learning Programme: 'Principled pragmatism' in a 12-year longitudinal ethnography. *Ethnography and Education, 2*(1), 1–19.

Pollard, A., & Filer, A. (1996). *The social world of children's learning: Case studies of pupils from four to seven.* Cassell.

Pollard, A., & Filer, A. (1999). The social world of pupil career: Strategic biographies through primary school. Cassell.

Portelli, A. (2016). What makes oral history different?. In R. Perks, and A. Thomson (Eds.), *The oral history reader* (pp. 48–58). 3rd edn. Routledge. (Original work published 1979).

Rapley, T. (2016). Some pragmatics of qualitative data analysis. In D. Silverman (Ed.), *Qualitative research.* 4th edn. Sage.

Reiss, M. (2005). Managing endings in a longitudinal study: Respect for persons. *Research in Science Education, 35,* 123–35.

Reiter, H., Rogge, B., & Schoneck, N. (2011). Times of life in times of change:

Sociological perspectives on time and the life course. *BIOS, 24*(2), 171–174.

Riessman, C. (2008). Concluding comments. In M. Andrews, C. Squire, & M. Tamboukou (Eds.), *Doing narrative research* (pp. 151–6). Sage.

Riley, M. (1998). A life course approach: Autobiographical notes. In J. Giele, & G. Elder (Eds.), *Methods of life course research: Qualitative and quantitative approaches* (pp. 28–51). Sage.

Ritchie, J., & Lewis. J. (Eds.). (2003). *Qualitative research practice.* Sage.

Ritchie, J., Lewis, J., McNaughton Nicholls, C., & Ormston, R. (Eds.). (2014). *Qualitative research practice.* (2nd ed.). Sage.

Robards, B., & Lincoln, S. (2017). Uncovering longitudinal life narratives: Scrolling back on Facebook. *Qualitative Research, 17*(6), 715–730.

Roberts, B. (2002). *Biographical research.* Open University Press.

Rosa, H. (2013). *Social acceleration: A new theory of modernity.* Columbia University Press.

Rosser, C., & Harris, C. (1965). *The family and social change.* Routledge and Kegan Paul.

Rothman, K., Gallacher, J., & Hatch, E. (2013). Why representativeness should be avoided. *International Journal of Epidemiology, 42*(4), 1012–1014.

Royce, A. P. (2005). The long and short of it: Benefits and challenges of long-term ethnographic research. *Paper presented at the ESRC seminar series: Qualitative longitudinal research: Principles, practice, policy,* University of Leeds, September 30th.

Royce, A. P., & Kemper, R. (2002). Long-term field research: metaphors, paradigms and themes. In R. Kemper, & A. P. Royce (Eds.), *Chronicling cultures: Long-term field research in anthropology* (pp. xiii – xxxviii). Altamira Press.

Ruspini, E. (2002). *Introduction to longitudinal research.* Routledge.

Saldana, J. (2003). *Longitudinal qualitative research: Analyzing change through time.* Altamira Press.

Sanders, J., & Munford, R. (2008). Losing sense to the future? Young women's strategic responses to adulthood transitions. *Journal of Youth Studies, 11*(3), 331–346.

Scheper–Hughes, N. (2000). Ire in Ireland. *Ethnography, 1*(1), 117–140.

Schmidt–Thome, K. (2015). Triangulation with softGIS in life course research: Situated action possibilities and embodied knowledge. In N. Worth, & I. Hardill (Eds.), *Researching the life course: Critical perspectives from the social sciences* (pp. 161–182). Policy Press.

Scott, J., & Alwin, D. (1998). Retrospective versus prospective measurement of life histories in longitudinal research. In J. Giele, & G. Elder (Eds.), *Methods of life course research: Qualitative and quantitative approaches* (pp. 98–126). Sage.

Scudder, T., & Colson, E. (2002). Long–term research in Gwembe Valley, Zambia. In R. Kemper., & A. Peterson Royce (Eds.), *Chronicling cultures: Long–term field research in anthropology* (pp. 197–238). Altamira Press.

Shah, S., & Priestley, M. (2011). *Disability and social change: Private lives and public policy.* Policy Press.

Shanahan, M., & Macmillan, R. (2008). *Biography and the sociological imagination: Contexts and contingencies.* Norton.

Shaw, C. (1966). *The Jack Roller: A delinquent boy's own story.* University of Chicago Press. (Original work published 1930).

Shaw, J. (2001). Winning territory: Changing place to change pace. In J. May, & N. Thrift (Eds.), *Timespace: Geographies of temporality* (pp. 120–132). Routledge.

Shirani, F., & Henwood, K. (2011). Taking each day as it comes: Temporal experiences in the context of unexpected life course transitions. *Time and Society, 20*(1), 49–68.

Smith, N. (2003). Cross-sectional profiling and longitudinal analysis: Research notes on analysis in the LQ study 'Negotiating transitions in Citizenship'. *International Journal of Social Research Methodology, 6*(3), 273–277.

Srivastava, P., & Hopwood, N. (2009). A practical iterative framework for qualitative data analysis. *International Journal of Qualitative Methods, 8*(1), 76–84.

Stacey, M. (1960). *Tradition and change: A study of Banbury.* Oxford University Press.

Stacey, M., Batstone, E., Bell, C, & Murcott, A. (1975). *Power, persistence and change.* Routledge and Kegan Paul.

Stanley, L. (2013). Whites writing: Letters and documents of life in a QLR project. In L. Stanley (Ed.), *Documents of life revisited: Narrative and biographical methodology for a 21st century critical humanism* (pp. 59–73). Routledge.

Stanley, L. (2015). Operationalising a QLR project on social change and whiteness in South Africa, 1770s–1970s. *International Journal of Social Research Methodology, 18*(3), 251–265.

Strauss, A. (1997). *Mirrors and masks: The search for identity.* Transaction Publishers. (Original work published 1959).

Swallow, V., Newton, J., & Van Lottum, C. (2003). How to manage and display qualitative data using Framework and Microsoft Excel. *Journal of Clinical Nursing, 12*, 610–612.

Szakolczai, A. (2014). Living permanent liminality: The recent transition experience in Ireland. *Irish Journal of Sociology, 22*(1), 28–50.

Talle, A. (2012). Returns to the Maasai: Multi-temporal fieldwork and the production of anthropological knowledge. In S. Howell, & A. Talle (Eds.), *Returns to the field: Multi-temporal research and contemporary anthropology* (pp. 73–94). Indiana University Press.

Tarrant, A., & Neale, B. (2017). (Eds.), *Learning to support young dads: Responding to young fathers in a different way.* Policy Briefing, Supporting Young Dads Impact Initiative. [www.followingfathers.leeds.ac.uk/impact].

Taylor, R. (2015). Beyond anonymity: Temporality and the production of knowledge in a qualitative longitudinal study. *International Journal of Social Research Methodology, 18*(3), 281–292.

Thomas, W. I., & Znaniecki, F. (1958). *The Polish peasant in Europe and America.* Dover Publications. (Original work published 1918–1921).

Thompson, P. (1981). Life histories and the analysis of social change. In D. Bertaux (Ed.), *Biography and society: The life history approach in the social sciences* (pp. 289–306). Sage.

Thompson, P. (2000). *The voice of the past.* 3rd edn.. Oxford University Press.

Thomson, R. (2007). The qualitative longitudinal case history: Practical, methodological and ethical reflections. *Social Policy and Society, 6*(4), 571–582.

Thomson, R. (2009). *Unfolding lives: Youth, gender and change.* Policy Press.

Thomson, R. (Ed.). (2010a). Intensity and insight: Qualitative longitudinal methods as a route to the psycho-social. Timescapes Working paper, no. 3. [www.timescapes.leeds.ac.uk]

Thomson, R. (2010b). Creating family case histories: Subjects, selves and family dynamics. In R. Thomson (Ed.), *Intensity and insight: Qualitative longitudinal methods as a route to the psycho-social* (pp. 6 – 18). Timescapes Working paper, no. 3. [www.timescapes.leeds.ac.uk].

Thomson, R. (2011). Using biographical and longitudinal methods: Researching mothering. In J. Mason, & A. Dale (Eds.), *Understanding social research* (pp. 62–74). Sage.

Thomson, R. (2012). *Qualitative longitudinal methods as a route into the psycho-social.* Timescapes Methods Guides Series Guide, no. 13. [www.timescapes.ac.uk].

Thomson, R., Bell, R., Henderson, S., Holland, J., McGrellis, S., & Sharpe, S. (2002). Critical moments: Choice, chance and opportunity in young people's narratives of transition. *Sociology, 36,* 335–354.

Thomson, R., & Holland, J. (2002). Imagined adulthood: Resources, plans and contradictions. *Gender and Education, 14*(4), 337–350.

Thomson, R., & Holland, J. (2003). Hindsight, foresight and insight: The challenges of longitudinal qualitative research. *International Journal of Social Research Methodology, 6*(3), 233–244.

Thomson, R., & Holland, J. (2005). 'Thanks for the memory': Memory books as a methodological resource in biographical research. *Qualitative Research, 5*(2), 201–219.

Thomson, R., Kehily, M., Hadfield, L., & Sharpe, S. (2011). *Making modern mothers.* Policy Press.

Thomson, R., & McLeod, J. (Eds.). (2015). New frontiers in qualitative longitudinal research: An agenda for research. *International Journal of Social Research Methodology, 18*(3), 243–250.

Thomson, R., Plumridge, L., & Holland, J. (Eds.). (2003). Editorial: Longitudinal qualitative research: A developing methodology. *International Journal of Social Research Methodology, 6,* 3185–3187.

Van de Ven, A., & Huber, G. (1995). Introduction. In G. Huber, & A. Van de Ven (Eds.), Longitudinal field research methods: Studying processes of organizational change (pp. vii–xiv). Sage.

Van Gennep, A. (1960). *The rites of passage.* Routledge and Kegan Paul. (Original work published 1909).

Van Houte, M. (2017). *Return migration to Afghanistan.* Palgrave Macmillan.

Veness, T. (1962). *School leavers: Their aspirations and expectations.* Methuen.

Vogl, S., Zartler, U., Schmidt, E., & Rieder, I. (2017). Developing an analytical framework for multiple perspective, qualitative longitudinal interviews. *International Journal of Social Research Methodology*. (online).

Wajcman, J. (2015). *Pressed for time*. Chicago University Press.

Walkerdine, V., Lucey, H., & Melody, J. (2001). *Growing up girl: Psycho-social explorations of gender and class*. Palgrave Macmillan.

Wallace, G., Ruddick, J., Flutter, J., & Harris, S. (1998). Using ethnographic methods in a study of students' secondary school and post-school careers. In G. Walford (Ed.), *Doing research about education* (pp. 76–92). Falmer Press.

Ward, J., & Henderson, Z. (2003). Some practical and ethical issues encountered while conducting tracking research with young people leaving the 'care' system. *International Journal of Social Research Methodology, 6*(3), 255–259.

Warin, J. (2010). *Stories of self: Tracking children's identity and wellbeing through the school years*. Trentham Books.

Warin, J. (2011). Ethical mindfulness and reflexivity: Managing a research relationship with children and young people in a fourteen year qualitative longitudinal research (QLR) study. *Qualitative Inquiry, 17*(10), 805–814.

Watson, C. (2013). Between diary and memoir: Documenting a life in war time Britain. In L. Stanley (Ed.), *Documents of life revisited* (pp. 107–119). Routledge.

Weller, S. (2012). Evolving creativity in qualitative longitudinal research with children and teenagers. *International Journal of Social Research Methodology, 15*(2), 119–133.

Wengraf, T. (2000). Uncovering the general from within the particular: From contingencies to typologies in the understanding of cases. In P. Chamberlayne, J. Bornat, & T. Wengraf (Eds.), *The turn to biographical methods in social science* (pp. 140–164). Routledge.

Wiles, R. (2012). *Developing ethical literacy: An unnecessary burden or a benefit to researchers?'.* NCRM Methods News, Winter 2012, 7.

Wiles, R. (2013). *What are qualitative research ethics?.* Bloomsbury Academic.

Williamson, E., Abrahams, H., Morgan, K., & Cameron, A. (2014). Tracking homeless women in qualitative longitudinal research. *European Journal of Homelessness, 8*(2), 69–91.

Wilson, M. (1977). *For men and elders: Changes in the relations of generations and of men and women among the Nyakyusa–Ngonde people, 1875–1971.* International African Institute.

Wingens, M., & Reiter, H. (2011). The life course approach–It's about time!. *BIOS, 24*(2), 87–203.

Winterton, M., & Irwin, S. (2011). Youngsters' expectations and context: Secondary analysis and interpretations of imagined futures. In M. Winterton, G. Crow, & B. Morgan–Brett (Eds.), *Young lives and imagined futures: Insights from archived data.* Timescapes Working Paper, no. 6. [www.timescapes.leeds.ac.uk]

Winterton, M., & Irwin, S. (2012). Teenage expectations of going to university: The ebb and flow of influences from 14 to 18. *Journal of Youth Studies, 15*(7), 858–874.

Wiseman, V., Conteh, L., & Matovu, F. (2005). Using diaries to collect data in resource–poor settings: Questions of design and implementation. *Health Policy and Planning, 20*(6), 394–404.

Woodman, D., & Wyn, J. (2013). Youth policy and generations: Why youth policy needs to 're–think youth'. *Social Policy and Society, 12*(2), 265–275.

Worth, N. (2009). Understanding youth transitions as 'becoming': Identity, time and futurity'. *Geoforum, 40,* 1050–1060.

Worth, N. (2011). Evaluating life maps as a versatile method for life course geographies. *Area, 43*(4), 405–412.

Worth, N., & Hardill, I. (2015). (Eds.), *Researching the life course: Critical perspectives from the social sciences.* Policy Press.

Yardley, A. (2008). Piecing together: A methodological bricolage. *Forum: Qualitative Social Research, 9*(2), Art 31. (online).

Zerubavel, E. (1979). *Patterns of time in hospital life: A sociological perspective.* University of Chicago Press.

Zerubavel, E. (1981). *Hidden rhythms: Schedules and calendars in social life.* University of Chicago Press.

Zerubavel, E. (2003). Time maps: Collective memory and the social shape of the past. University of Chicago Press.

Zimmerman, D., & Wieder, D. (1977). The diary: Diary–interview method. *Urban Life, 5*(4), 479–497.

◆ 찾아보기

ㅊ

ㅋ

ㅌ

ㅎ

◆ 저자 소개

Bren Neale

영국 리즈대학교 생애과정 및 가족 연구 분야 명예교수(emerita professor)이다. 2007년부터 2012년까지 ESRC(The Economic and Social Research Council, UK)가 지원하는 Timescapes 프로젝트의 연구책임자를 역임했다.

◆ 역자 소개

임종헌(Jongheon Lim)

한국교육개발원 연구위원이다. 질적 종단연구로 '학생 성장과 변화에 대한 10년 연구'(한국교육개발원, 10년), '중학생의 성장과정 분석: 학교, 가정, 지역사회를 중심으로'(한국교육개발원, 4년) 등에 참여했으며, 질적 종단연구 방법론에 관한 '질적 종단연구의 방법론적 특징 및 적용 전략'(한국교육개발원) 등의 연구를 수행했다.

김경애(Kyungae Kim)

한국교육개발원 선임연구위원이다. 질적 종단연구로 '중학생의 성장과정 분석: 학교, 가정, 지역사회를 중심으로'(한국교육개발원, 4년), '장학생 집중 모니터링과 생애 단계별 성장 사례 분석 연구: 교육소외 아동·청소년 질적 종단연구'(삼성꿈장학재단, 10년) 등의 연구를 수행했다.

김지혜(Jihye Kim)

한국교육개발원 연구위원이다. 질적 종단연구로 '2주기 북한배경청소년 교육 종단연구'(한국교육개발원, 7년)에 참여했으며, 다년간 수행된 종단연구의 결과와 의의를 종합하는 '북한배경청소년 교육 지원 정책의 방향과 과제'(한국교육개발원) 등의 연구를 수행했다.

도재우(Jaewoo Do)

공주교육대학교 교육학과 조교수이다. 질적연구학회 편집위원으로 질적자료 수집과 분석에 대한 '질적연구 수행에서 디지털 도구 활용방안 탐색'(교육연구), 'Designing and developing cell phone applications for qualitative research'(Qualitative Inquiry), 'Narrative inquiry with activity systems'(International Journal of Qualitative Methods) 등의 연구를 수행했다.

최수진(Sujin Chio)

한국교육개발원 선임연구위원이다. 양적 자료와 질적 자료를 같이 수집하는 종단연구인 '한국영재교육 종단연구 2017'(한국교육개발원, 25년), '한국영재교육 종단연구 2022'(한국교육개발원, 25년) 등의 연구를 수행했다.

질적 종단연구방법론

Qualitative Longitudinal Research
: Research Method

2025년 5월 25일 1판 1쇄 인쇄
2025년 5월 30일 1판 1쇄 발행

지은이 • Bren Neale
옮긴이 • 임종헌 · 김경애 · 김지혜 · 도재우 · 최수진
펴낸이 • 김진환
펴낸곳 • (주) 학지사
04031 서울특별시 마포구 양화로 15길 20 마인드월드빌딩
대표전화 • 02)330-5114 팩스 • 02)324-2345
등록번호 • 제313-2006-000265호

홈페이지 • http://www.hakjisa.co.kr
인스타그램 • https://www.instagram.com/hakjisabook

ISBN 978-89-997-3425-0 93370

정가 18,000원

역자와의 협약으로 인지는 생략합니다.
파본은 구입처에서 교환해 드립니다.

이 책을 무단으로 전재하거나 복제할 경우 저작권법에 따라 처벌을 받게 됩니다.

출판미디어기업 학지사

간호보건의학출판 **학지사메디컬** www.hakjisamd.co.kr
심리검사연구소 **인싸이트** www.inpsyt.co.kr
학술논문서비스 **뉴논문** www.newnonmun.com
교육연수원 **카운피아** www.counpia.com
대학교재전자책플랫폼 **캠퍼스북** www.campusbook.co.kr